U0348882

华章经典 · 金融投资

通向成功的交易心理学

BULLETPROOF TRADER

Evidence-Based Strategies for Overcoming Setbacks and
Sustaining High Performance in the Markets

[英] 史蒂夫·沃德 著　金鞠 译

STEVE WARD

机械工业出版社
China Machine Press

图书在版编目（CIP）数据

通向成功的交易心理学／（英）史蒂夫·沃德（Steve Ward）著；金鞠译 . -- 北京：机械工业出版社，2021.10

（华章经典·金融投资）

书名原文：Bulletproof Trader: Evidence-Based Strategies for Overcoming Setbacks and Sustaining High Performance in the Markets

ISBN 978-7-111-69262-1

I. ① 通⋯　II. ① 史⋯　② 金⋯　III. ① 股票交易－经济心理学　IV. ① F830.91-05

中国版本图书馆 CIP 数据核字（2021）第 201449 号

本书版权登记号：图字　01-2021-3045

通向成功的交易心理学

出版发行：机械工业出版社（北京市西城区百万庄大街 22 号　邮政编码：100037）

责任编辑：顾　煦　殷嘉男		责任校对：马荣敏	
印　刷：三河市宏图印务有限公司		版　次：2022 年 1 月第 1 版第 1 次印刷	
开　本：170mm×230mm　1/16		印　张：18.75	
书　号：ISBN 978-7-111-69262-1		定　价：79.00 元	

客服电话：（010）88361066　88379833　68326294　　投稿热线：（010）88379007

华章网站：www.hzbook.com　　　　　　　　　　　　读者信箱：hzjg@hzbook.com

史蒂夫·沃德致力于帮助从事交易、投资和银行业务的专业人士，利用来自绩效心理学、决策科学、神经科学、行为科学、生理学研究和实践的前沿成果，来提高他们的风险承受能力，改善决策水平，从而实现和维持高水平的交易绩效。

自 2005 年起，他就开始为一些全球规模最大且业绩最好的投资银行、对冲基金、资产管理公司、大宗商品交易公司、公用事业公司以及自营交易集团的交易员和基金经理提供专门的指导、培训和咨询服务。

在开始从事金融行业之前，史蒂夫为全球 30 多个不同运动项目的精英运动员和团队提供运动心理学指导，他特别关注极限运动和探险运动。他还为职业扑克玩家提供心理辅导。

史蒂夫是《高绩效交易》(High-Performance Trading)、《体育博彩制胜：10 个关键诀窍通向博彩的稳健盈利》和《交易员思维：在市场上获得认知优势》等书的作者，并为知名的交易出版刊物撰写了许多文章。他在伦敦与人共同管理了一个由45名自营交易员组成的团队，曾担任BBC电视系列片《百万美元交易员》(*Million Dollar Traders*)中交易业绩顾问的教练，并且他目前已在自营账户中开展了数年的股票指数和外汇的交易。

performanceedgeconsulting.co.uk

一本指导交易者提升幸福感的书

2020 年也许是改变人类历史的一个关键年份。突如其来的新冠肺炎疫情席卷全球之后，不但人类的生存、生活受到了极大影响，经济层面的变化更是前所未有地复杂。投射到金融交易市场上，无论是大宗商品层面的波动，如原油价格 3 个月内跌成负数而后又在一年后创 5 年新高，还是美股 2 个月内暴跌 1/3，然后又很快创出历史新高；还是如比特币这样的虚拟货币动辄每天波动 20% ~ 30%，还可以申请 100 倍杠杆……社会对于金融市场的关注是前所未有地高，也导致了很多人奋不顾身地投入到交易市场中来。

市场虽然活跃了，但是交易的风险的强度和广度都大大增加了，在市场中的交易员时时刻刻都面临着巨大的心理压力。国内金融市场发展也就 20 多年的时间，很多交易所和交易品种都排到了世界数一数二的地步，但是很多配套设施却来不及跟上。

史蒂夫·沃德的这本书为我们展示了一个成熟市场的一个重要配套部分——交易心理咨询服务。在我们国内长期以来，更加重视的是市场规范体系建设，硬件配套的升级，对于市场参与者虽然有相关配套的投资者教育，却常常流于表面——只关注对投资者的适当性筛选、风险能力评估、基础知识掌握……而对于交易者的心理素质训练和人性关怀，却基本处于空白。

但是事实上，金融交易却是跟心理健康高度相关的行业，甚至可以说，是最需要心理咨询的行业之一。市场的是由人构成的，看似每个人都在交易价格，实际上大家交易的是市场的情绪，市场情绪亢奋的时候总能上涨到不可理喻，市场情绪恐慌的时候也能下跌到不可思议。面对市场价格乱跳，面对账户资金乱调，作为血肉之躯，又有几个人能够做到"刀枪不入"呢？

在看到本书之前，作为一个在市场打拼了 20 年的一线交易员来说，我当然知道交易心理管理在整个交易过程中占据决定性的位置，只不过我们只能够通过长年和市场搏斗、历经风雨之后，磨平性格的棱角，褪去稚气的皮囊。经历过大的亏损，便不再害怕亏损；经历过长时间的煎熬，便不再惧怕煎熬。这个过程少说也要 10 年时间，才能慢慢把心态养好。但实际上绝大多数人在这个过程中都早早退却了，能支撑下来的少之又少。所以我一贯的认知告诉我，心理管理不是靠理论学出来的，而是靠真枪实弹打出来，相信国内大部分交易员也会是这样的想法。

不过看完本书，我确实改变了这样的想法。本书非常特别——讲的是交易心理，却没有任何一笔交易的例子；讲的是心理学，也没有心理学复杂的理论阐述。作者看似非交易行业的实战者，但是对交易者的心理状态的把握丝丝入扣，让我不断产生共鸣。我甚至认为，如果我刚入行的时候就能看到本书，可能养成良好的交易心理素质只需要一两年时间，而非十几年。

这是一本很有意思的书，我仅从个人的角度给出以下建议。

第一，完整看待交易心理体系的构成。

作者认为交易心理的构成应该是心理学、哲学、生理学、实用主义。我们往往把交易只当成了实用主义的操作，忽视了交易本身应该是一种自上而下、谋定后动、身心合一的过程。每天的交易都可以有很多让人惋惜、悔恨的经历，通过上述四个维度去思考检验，就可以很快找到失误的原因和改进的方法，而不会一直陷在痛苦的情绪中走不出来。

第二，找到与市场最和谐的相处之道。

大多数人之所以参与金融交易，是看到了金融交易的巨大回报，从此追逐利益不能自拔。在市场的波动下，人性的贪婪和恐惧就会暴露无遗。而真正能够长期稳定盈利的交易却是反人性的，与众人不同的——在别人贪婪时候恐惧，在别人恐惧时候贪婪。作者在每一个章节都给出了与市场和谐的相处态度。如适应低谷、习惯压力、拥抱不确定性、做最坏打算、享受不适感等。在看到本书以前，我们平时习惯于把交易中的种种情绪的处理方法笼统地概括为"保持平常心"，但是说起来简单做起来难。本书的优秀之处在于把交易过程的各种状态和情绪都拆解开，并针对每一种心理问题都给出了相应的解决方案。

如果能够把所有所谓的"坏结果"都变成"好结果"，那交易还有什么难做的呢？

第三，充分体验和实践。

与只侃侃而谈理论的书籍不同的是，本书更像一本给读者的"诊断手册"或者"尽调报告"。书中有大量需要读者自己去总结填空的内容。这是一次非常难得的正视自己、解剖自己、善待自己的机会。很多人经历过多年的交易实践，始终没法找到交易的状态，其根本原因往往就是没有去总结、反思自己的交易经历和心路历程。

诚然，交易的失误与亏损的懊恼很容易让人选择性地忘记这些痛苦的回忆，但是这恰恰是最能使人成长的经历。如果只交易，不思考，不总结，这样做十年的交易跟做一两天的交易也没多大区别。

除了需要自己总结填空的部分，书中也有大量行之有效的心理学练习方法，比如觉察练习、情景演练、前瞻性回顾视角、呼吸训练、负面具象化、脱钩练习、接受与实现疗法、自我同情练习等，可以耐心地按照书上步骤练习一遍，一定可以发现当中的奥妙。

不要以为心理学离金融交易很遥远，其实金融交易是极其耗费心神与体力的工作，人的精神状态一旦不好，就容易看不到行情，看到了也看不懂，看懂了也不会做，会做也做不好。在交易遭遇困境的时候，参考书中所述的心理学练习方法进行修复，其实就是一个给自己充电的过程。

最后，如果用一句话概括这是一本什么书，英文版原书上说，这是一本可以让交易者刀枪不入的书，而我会说，这是一本指导交易者提升幸福感的书。或许很多人说，我做交易只为赚钱，不为幸福。实际上看完本书你就能知道，一旦幸福了，交易就很容易做好了。

方志

资深交易者，广东海象基金总经理

2021 年 11 月

我为何要看这本书

本书写给所有需要处理交易中的压力、情绪、挑战和挫折，又渴望在长期发挥出最佳水平的交易员。

每个交易员都知道交易可以产生很高的回报，但它绝对不简单，而且充满了压力。事实上，交易或许是一个人可能追求的最具精神和情绪挑战的活动。犯错、踏空机会和亏损，都是难以避免的事情。交易中的压力，是频繁的、高强度的和持久的，会导致交易员在精神上、身体上、行为上和结果上付出巨大的代价。

利用心理学、生理学和哲学的洞见，我们虽无法消除交易中的困难，但可以更有效地应对它们，推动它们向对你有利的方向转化。这也是我在过去的 15 年里，一直与全球各地各种市场下的、各种经验层次的交易员和投资者一起关注、研究的重点领域之一。要知道，应对好交易产生的心理和生理的挑战，是发挥最佳水平和谋求交易回报最大化的关键。

本书不是我的第一本关于交易绩效的书。《高绩效交易》汇集了各种能够改善交易员心态的简洁实用的策略，是一本你可以在需要时参考的练习册。《交易员思维》（*Tradermind*）提供了基于正念的训练方法。

本书的目标是为交易员提供实用的资料，帮助他们处理交易中出现的心理、情感及生理的挑战和需求。本书也令我有机会分享最前沿的研究和实践，包括：

▸ 令人惊喜的生物反馈技术——能够客观地衡量市场如何影响交易员的生理状态（反之亦然）；
▸ 最新的心理学技术的"第三波浪潮"；
▸ 源于古代表现哲学的实践方法。

以上所有技术都在过去几年中，令我的客户受益极大。

在我看来，在像交易这样变化多端和充满挑战的竞技领域，帮助客户充分实现自身潜能，会给我带来无与伦比的成就感。当然我不可能和世界上每一个交易员合作。阅读本书，就能让我的经验变成你可以求助的资源，我会在书中与你分享在其他交易员身上已经被证明有效的经验和策略。

这本书适合特定类型的交易员吗

并不是特定类型的交易员才能从本书中受益。我和来自世界各地的交易员一起工作，他们涵盖了初学者、老手，乃至相当成功的"市场奇才"，他们在各种市场进行交易，使用着各种策略。这本书是为以上所有的交易员而写的。

当然，也与投资者的个别情况有关。他们可能不会以同样的强度和规律性，面临情感或心理上的挑战。毕竟，交易员进入和退出市场的频率并不相同，但是交易员的经历还是有很多共同点的，尤其是在低谷期，或市场波动变大的时刻，我们所处的时代不缺乏这样的场景。

这本书的内容结构

本书分为 9 个部分，总共 25 章。我们将首先在前几章中，讨论刀枪不入的交易的基本概念，然后讨论具体的策略和技术，来帮助你：

- ▶ 采取坚决的行动；
- ▶ 明确你的价值观，搞清楚你想成为什么样的交易员；
- ▶ 管理风险；
- ▶ 接纳不确定性；
- ▶ 做最坏的打算，以应对最糟的局面；

▸ 训练你的注意力和觉察力；

▸ 关注你的交易过程；

▸ 控制可控因素；

▸ 习惯不适感；

▸ 与负面的想法脱钩；

▸ 在压力和情绪中正常工作；

▸ 建立应对交易困难的信心；

▸ 在关键的市场时刻保持冷静；

▸ 不要苛求自己；

▸ 在困难中寻找机会，引导形势向有利方向发展；

▸ 善于适应市场的变化；

▸ 监控你的压力和疲劳程度；

▸ 掌握恢复的艺术，以建立恢复力和维持交易水平；

▸ 提高你的生理健康程度和韧性。

　　本书处处贯彻实用性的原则，配合大量的练习来解释概念，帮助你发展刀枪不入的交易员的心态、情感和身体技能。书中教授的技术都是有据可循的，也同样是我自己交易、辅导客户使用的技术。

　　我很清楚读者在阅读一本书时，很容易跳过其中的练习和实践，但我强烈建议你花时间尽可能地完成这些练习与实践，以充分获得刀枪不入的交易员所具备的优势。

|目 录|

第五部分　专注

第六部分　不适感

第一部分

BULLETPROOF TRADER

我要刀枪不入

第 1 章

为什么要刀枪不入

2014 年 9 月的一天，在伦敦西部一家对冲基金的会议室里，我正对一位新客户，也就是这家对冲基金的创始人，进行面对面辅导。他是一个相当成功的交易员，拥有多年的辉煌战绩。那天我穿着正装长裤，桌那头的他穿着短裤和 POLO 衫，笔和本子不离手。

我们先聊了周末的足球比赛结果，然后由我开始提问。因为在开始辅导前，我需要更多地了解这个交易员，他的生平经历、交易经历、风格和手法策略，以及他对辅导期待的效果。

我问："你想要做出什么改变？"

他回道："我希望自己能够更加平和地看待交易业绩和

结果。"

我问："为什么是现在希望改变？"

"因为我从未真正遭遇过一连串的交易失败，但从概率上讲这种情况无法被排除。我得为此做好准备，确保自己具备了应对这种情况所需的一切技能，我要让自己刀枪不入。"

我问："你怎么判断自己已经……刀枪不入了呢？"我没想到这个词突然跳进这个语境中，感觉很新鲜。

"至少我的负面想法要更少一些，"他说，"我常常为已经做出的决策耿耿于怀，尤其是那些使我亏钱或没有赚钱的决策，也许这是种完美主义。每次我交易失败，就忍不住反复想它，虽然我心里有数，这种执念于事无补，但有时候就是什么也不想干，就呆坐在那里，一遍又一遍骂自己真是个大傻瓜。我的情绪有时会变得非常负面，有时候我很抑郁，甚至交易有时都让我恶心想吐。"

"刀枪不入有什么好处呢？"

"总的来说，我认为它能够让我在市场中坚持下去不出局。我热爱交易，还想再干好多年。我不想让一次大亏将我扫地出门，我希望在事情进展不顺利的时候，有能力改变一些自己的想法和感受，走出情绪的低谷。"

我们接着深入探讨刀枪不入对他的意义，探讨这个理念可以用在哪些场景中，以及刀枪不入的表现应该怎样。我们也谈到了他交易生涯中的至暗时刻，以及他是如何克服的。搞清楚他目前处在刀枪不入的哪一段位上这一点很重要。任何一位在市场中长时间存活下来的交易员或基金经理，多少都会有经验和心得，哪怕他自认为现在的情况已经坏到极点了。

此后的 12 个月里，在我的帮助下，这位顶尖的交易员开发出一系列策略，显著提升了他应对交易逆境的能力。其间，我们"有幸"经历了几次市场剧变，这给他造成了显著的交易亏损，不过这也是检验我们辅导成效的天赐良机。

我们致力于：

▸ 认识到提前准备、迎接挑战的重要性；

▸ 培养直面现实的力量（直面你的经历，以及你在经历中的感受）；

▸ 学会在逆境中管理自己负面的思维方式；

▸ 理解认知模式：看待问题的角度会如何影响我们解决问题的效果；

▸ 善于在风险中把握机会；

▸ 就算最糟糕的情况出现，心态上也能从容应对。

我们也做了一些简易的冥想练习，来增强对当下的感知，使自己变得更客观，并降低情绪化反应，提升平常心。

此外，我们也用到了生物反馈技术，运用学习技巧来提升他神经系统的强度，降低他对压力的敏感度，尤其是避免在决策过程中受到压力的影响。

通过这一系列的训练强化，他掌握了全新的技巧，显著提升了交易上刀枪不入的水平。在工具的辅助下，他反复练习技能，最终获得了超预期的交易韧性。

他愿意花时间和精力发展这些技艺，这是他在交易上刀枪不入的关键。我相信你也可以做到。

训练交易员

过去十五年，我有幸辅导、训练过数以千计的交易员和基金经理，他们遍布全球大小银行、基金公司、商品交易所、资产管理公司、自营交易组织、公用事业公司，当然也有居家交易的人（或投资者）。

我给我自己的定位，就是帮助我的客户实现最佳的交易绩效。

为了实现这个目标，我会围绕风险承受、决策过程以及实现持久的高绩效水平，来提供辅导、训练和建议。我的底气来自心理学、生理学、行为科学、神经科学、巅峰绩效学、决策科学等相关学科的研究与实践成果，最近也把哲学纳入进来了。从始至终，我的关注重点都是一贯的，那就是什么才真正对交易员有用。

最终，我得以将绩效表现的科学性和辅导训练的艺术性完美结合。

来找我的客户中，20%～30% 目前做得还不错，他们想要把这种交易水准保持下去，甚至希望上一个台阶，渴望开发出他们自己潜在的最佳交易水准。

然而大多数向我求助的客户，正在承受市场施加的不同程度的压力，他们的交易绩效停滞不前甚至一落千丈，在心态上感觉到了明显的不适（出现负面的想法和感受），出现了难以忍受的生理反应（焦虑或透支感）。

这种失衡至少反映了三点：第一，人性本身，以及我们每个人存在的负面倾向。第二，交易员思想上太容易被盈亏左右，尤其是亏的那部分。第三，从心理和生理上来说，交易本质上就是一件非常艰难苛刻的事情。

至暗时刻

在 2008 年之前，我辅导交易员的主要目标，是追求收益最大化，提升绩效，从优秀走向卓越。

当时业内对于交易和投资心理在绩效上发挥的优势，逐渐有了越来越清晰的认识。越来越多的交易员、基金经理开始探索交易心理的潜在功效。在金融危机爆发后，尽管这种对提升交易绩效的关注仍然存在，但另一个主题的重要性开始后来居上，那就是应对压力，在承压状态下正常决策，应对绩效回撤，应对挑战和剧变以及稳住交易的绩效表现。

用一个词来说，就是韧性。

这些年来，对交易韧性的追求有增无减。裁员、监管政策的变动、咄咄逼人的绩效目标（经费却没有同步增长）、信息过载、新技术的问世、市场结构性的变革，更不用说全球大流行病了，这些冲击往往祸不单行，使交易员面临极其严峻的考验。

支持、技能和策略

在我接触的交易员当中，有些仅仅是相对短期和偶然性地面临这些挑战，但另一些面临着更持久、更有破坏性的考验。

对这两种交易员来说，我作为教练的角色都是两重性的。

其一，支持他们，我是他们可以托付和信赖的人，可以共同面对挑战的人，可以进行思想交流的人，可以为他们提供建议和指引的人。

其二，帮助他们开发精神、情绪和身体方面的特定的技能与策略，使他们能够战胜挑战，成为他们生理和心理的武器库中的一件件称手兵器，帮助他们在市场上披荆斩棘，攻坚克难。

我希望本书能够扮演第二重角色，希望它也能让你刀枪不入。

我们为何在此相遇

每次当我有机会和交易员或机构合作，我就会问他们为什么会找到我。

根据反馈，交易员们找我辅导的原因包括：

▸ 新入行的交易员渴望寻求支持，希望获得有韧性的思维方式和心理技巧，以应对交易的挑战；

▸ 经历了巨大的亏损，渴望获得应对这种经历的经验，并且尽快回归正轨；

▸ 正处于一系列连续亏损中，希望获得帮助能够挺过去；

▸ 发现自己缺乏信心，不敢开仓，不敢承担应该承担的风险；

▸ 正在面临某种改变，比如改变交易风格，或者需要交易新的品种，需要这方面的帮助；

▸ 发现自己没有办法兼顾市场内的交易和市场外的生活；

▸ 发现自己在市场大行情来临时，不够淡定，缺少沉着冷静的心态；

▸ 发现自己难以适应市场的不确定性和走势的模棱两可；

▸ 出现了难以承受的恐惧、愤怒、沮丧、后悔和焦虑等负面情绪；

▸ 希望提高自律能力，提升交易的一致性、交易的执行力；

▸ 希望管理自己的体力、精力，减少透支感，避免精疲力竭；

▸ 渴望提升交易的耐性，能够适应慢节奏的市场波动，克制因为无聊而交易的冲动，减少过度交易的次数；

▸ 发现自己总是对交易的错误、亏损耿耿于怀；

▸ 发现自己很难让盈利奔跑，难以克制获利了结的冲动，拿不住盈利仓位。

在你继续读下去之前，问问你自己，我们为何在此相遇？是否存在某个特定的原因让你阅读本书？你希望从中获得什么？

第 2 章

刀枪不入的理论框架

关键特质

别人常常问我，在成功交易员的关键特质是什么。有一项特质我认为绝对是关键，那就是从容应对高潮和低谷的能力，尤其是应对低谷的能力。

这个能力也可以被称为"坚韧不拔""心态顽强""越挫越勇"等，但在本书中，我想要借用前文提到的对冲基金的那位客户提出的"刀枪不入"这个词。

"成功的光环会掩盖庸人才智上的短板，而战胜生命中的苦难，才让伟人们卓尔不凡。"

——塞内加

刀枪不入的四块基石

关于在压力下正常工作的能力，以及在高风险环境中应对业绩高低起伏的能力，这几年已经有了非常深入的研究。交易员们，现在可以从军队训练、顶级运动员、执法者和表演艺术家的工作实践和经验中获益。这些内容都会涵盖在本书中。

在帮助客户培养出应对交易的挑战和艰难的能力的过程中，我的工作受到许多不同领域的研究的影响。它们大致可以分成四块（见图 2-1）：心理学、生理学、哲学，以及最重要的第四块，实用主义。在我看来，要想充分发掘交易上的潜能，成为刀枪不入的交易员，多学科的方式很有必要。

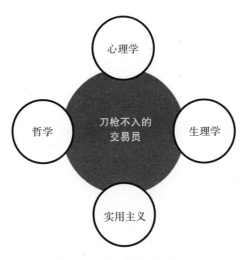

图 2-1　刀枪不入的基石

1. 心理学

交易心理学涉及的研究和实践领域非常广阔，包括决策科学、行为金融学、绩效心理学、认知科学等等。本书会涉及所有这些领域的知识。但我更关注的是行为科学背景下的心理框架，以及心理灵活性的发展。

发展出心理灵活性是接受与实现辅导（Acceptance Commitment Coaching）的目标。接受与实现辅导是接受与实现疗法（Acceptance Commitment Therapy，ACT）的衍生物，这种心理疗法由内华达州立大学的心理治疗师斯蒂芬·C. 海斯（Steven C. Hayes）创立。ACT 是认知心理学的第三波发展。它有别于诸如认知行为疗法等其他认知心理流派，因为它的基本目标不是去控制或者改变那些负面的想法、情绪、感知，而是去感知并接受它们的存在，同时仍然把注意力强烈聚焦于行为本身。

ACT 不会关注你想法和情绪的具体内容，而是更加关注你所处的背景环境，你在特定环境下的特定行为的功效（有无帮助、益处），以及你在多大程度上受到这些想法、情绪、感知和冲动的影响。

基于 ACT 的方法已经在运动、棋类、音乐和职场工作等领域里帮助人们提升了表现，[1]能够有效减轻压力，提升韧性。ACT 也是我的交易心理模型的核心部分。我相信发展出心理灵活性，能对交易员关注交易过程的能力起到相当正面的影响，使交易员能够管理想法、情绪、感知和冲动，避免偏离正常交易轨道。

除了发展心理灵活性以外，我也吸收容纳了发展抗压性[2]、坚韧性[3]方面的研究和实践知识。重点包括以下四个要素：

▶ 践行（commitment）：有目标感，知道什么事情该做，以及为什么该做，用钢铁般的自律和全身心的投入来采取一切必要行动。

▶ 控制（control）：主要以个人的心理控制点为中心，无论是在内部还是外部，无论人们是否充分相信自己能够影响自己对来临的事件做出反应的方式，辨别可控还是不可控的能力才是关键。

▶ 挑战（challenge）：视改变为成长的机会，欣然接受工作上的挑战和艰难并全力以赴。

▶ 自信（confidence）：感觉到你能够应对困难和挫折，能看到并抓住机遇。

2. 生理学

我们的生理机能，决定了我们在压力下能否正常表现，这是刀枪不入的交易理论框架的又一重要部分。

在生理学层面，有一些领域很重要，交易员能够从中获益，包括：

▸ 通过识别生理机能的变化（如呼吸、心率）来发现身体状态的改变，特别是对压力的反应和能量的水平；

▸ 当压力过大时，需要调节面对压力时的反应，这可能会影响到你的决策能力；

▸ 学习一些策略来提升面对压力时的生理韧性，从而提高你的抗压能力；

▸ 管理压力与恢复的平衡，这样可以使生理肌肉变得强壮，减少疲劳感，长时间保持高水准的表现。

3. 哲学

在写这本书的时候，我对斯多葛主义的哲学理论和实践，以及它在帮助交易员应对市场交易中的挑战方面的潜在应用前景越来越感兴趣。

斯多葛派的创始人是基提乌姆（今天的塞浦路斯）的芝诺，该学派在公元前 3 世纪初在希腊创立。芝诺是一名商人，在一次海难中失去了一切，为了重建自己的生活，他求助于哲学。后来，他在一条柱廊（顶部有遮盖的走道）上传授他的知识，他的学校因此被称为斯多亚（Stoa，希腊语中柱廊的意思），斯多葛主义也由此得名。

　　我第一次意识到在交易员的工作上应用斯多葛主义的好处，是在我阅读了瑞安·霍利迪（Ryan Holiday）的著作《障碍就是道路》（*The Obstacle is the Way*）[4] 之后，这本书将有2000年历史的斯多葛派的原则和实践，转化成现代文学，目的在于帮助人们将"劣势转化成优势"。这本书在运动员、教练，以及从事竞争激烈和高风险工作的人中非常流行。

　　在一篇讨论美国橄榄球联盟的斯多葛主义的文章中，霍利迪说："斯多葛主义作为一种哲学，实际上是专注于精神层面的。它不是一套伦理标准或原则。它是一整套精神锻炼的集合，旨在帮助人们度过生活中的艰难时期。"[5]

　　对很多人来说，"斯多葛派"这个词意味着在面对逆境时不动声色，但这是现代人不太确切的理解。斯多葛派并不赞成没有感情，他们主张通过不同的方式管理情绪，降低无用情绪的影响。

　　斯多葛主义的核心，是一种坚定的、高度实用的、以行动为导向的哲学，旨在帮助人们提升应对生活困境的能力。它鼓励你把思想和行动集中在你能控制的事情上。如果你不能控制某件事，你就必须接受它。关键是要对自己的行为负责，并在每一时刻都将最好的自己展现出来。

　　这对交易员来说是必要的，也是非常强大的能力。

4. 实用主义

除了上述种种科学，这本书中谈到的策略，在真实的交易环境中对真实的交易员真正有用是非常重要的。研究工作虽然很重要，也很有趣，但是现实中的交易才是检验有效性的试验场。

本书中提到的所有技巧和策略，都在我的客户——数千名交易员和基金经理，以及更广泛的交易、投资和银行领域（如销售和研究）中得到了成功运用。

他们的反馈对于本书是非常重要的，我会尽可能多地分享实际案例，通过对实际案例的研究来展示本书理论在现实世界中的应用。

从本书中获取最大的价值

撰写本书的初衷是供实践参考，而非撰写科普文章。各种数不胜数的练习、实践，贯穿全书。完成这些指导练习，能够让本书最大限度地提升你的交易绩效。

我知道改变从不会轻易发生。这里的要领是先从一两处你最渴望提升的交易领域入手。一开始，你可以仅仅在个别领域采取行动。这就足以让你的交易发生明显的改变，也为下一步的改变铺平了道路。

　　跑步的理论你可以学习一万遍，但要想实打实提升跑步的水平，你还得迈开腿跑起来。

　　采取行动，才是高绩效的核心。

　　"为什么哲人总是警告我们不要满足于学习本身，还要加以练习并常常巩固？因为随着时间流逝，我们会忘记所学，而做出完全相反的选择，持有完全相反的观点，与我们本应该展现的言行完全背离。"

——爱比克泰德

　　请你保持思想的开放包容，保持好奇心，在运用本书提到的策略和技术时不妨采取实验性的思维。我从事绩效提高的工作很多年了，在我看来，提高绩效的过程就是对自我做实验的过程。

　　你会遇到可能对交易有帮助的一系列观点，你可以尝试、调整、总结，或者如果没用就抛到一边，尝试别的办法。

下一个刀枪不入的交易员就是你

　　由于过去的生活经验和交易经历，你应该多少有一些让你刀枪不入的经验了。在你当前的行为模式中，应该有不少是有益的。本书不想取代这些正向部分。但即便是一切顺利的交易员，我也鼓励你在阅读时注意试试新的方法和思路。

因为，能带你到今天的，未必能带你到明天。

想象你未来交易的场景：更加有韧性的你，更加善于面对挑战的你，更加善于满足交易时需要的你，会带来什么样的改变？你会注意到什么？你会采取什么行动？你会有什么感受？具备什么理念？

怎样才能成为那个你？成为那个精神更强大、发挥更稳定、内外更和谐、更有韧性的你？

训练你的思维，适应一切环境

本书的内容撰写和整理，花费了我相当长的时间。完美主义对于交易和写作同样有害。但我的目的不是告诉你该做什么、不该做什么，而是帮你梳理出认知框架：发展出精神、情绪和生理上的技能，能够对你的交易产生有效的积极影响。

只有这些，才能真正帮你应对交易中出现的挑战和需要。

"庸人总是会说：'告诉我该怎么做就好！'何等可笑，我怎么可能给出建议？不可能的。更合理的请求是，请训练我的思维以便应对一切环境。习惯于这种思维方式，便能处变不惊，从容应对命运的安排。"

——爱比克泰德

每个交易员就跟市场中的每一刻一样，独一无二。适合某个人的方法未必适合另一个人。在你阅读本书的过程中，我建议你思考以下问题：

这个思路是否对我自己的交易有帮助？如果有帮助，我应该在何时如何使用它？

第二部分

BULLETPROOF TRADER

高潮和低谷

第 3 章

交易的本质

在你阅读本章前，请思考以下两个问题：

你在交易中有什么困难和需要？

为了应对这些困难和需要，你要练习什么技能？

交易，作为一种高绩效活动

2005 年 2 月，我第一次踏进交易所大厅。当时是 2 月的第一个星期五，非农日（我后来才知道，这是美国就业数据发布的日子，是一个重要的交易日，也是一个巨大的交易机会）。

数据发布的前几分钟我记得很清楚。场内所有交易员，至少 100 来号人，都回到各自的座位，为即将发布的数据做准

备。然后机构分析师的倒计时传来"倒数一分钟"……大厅内
的喧哗声渐渐止息……"倒数三十秒"……众人屏气凝神……
"倒数十秒"……一种预感，一种期盼，肾上腺素和能量明显
上升……"倒数五秒"……

然后数据从扩音喇叭中播出。大厅内立刻爆发出各种行
动、喧哗、情绪，甚至有几秒，能够清楚地看出很多交易员正
在面对很高水平的压力，以及伴随而来的情绪。

接下来的一个小时里，我见证了交易能够带来的高潮和
低谷。有些交易员赚了一大笔钱，有些表现平平，有些损失惨
重，在那天要处理大笔的亏损。这就是我与交易的初次邂逅。
我当时就敏锐地察觉到，交易是项有挑战、有压力并且常常让
人紧张的职业。我越是花时间与交易员合作，我便越能清晰地
认识到这一点。

后来，我彻底体会到了来自这个全新领域的市场交易中
的挑战、压力和紧张。

在我与交易员合作前，很多年我一直从事顶尖运动员和
运动队的心理教练工作。交易，无疑是最像运动的非运动项
目。正如顶尖的体育竞技，交易也是高绩效活动，对竞技环境
的要求非常严格。

交易绩效的客观环境

在交易中，有一项核心要求就是在不确定性之下，做出承担风险的决策（见图 3-1）。风险和不确定性都是压力源（stressor），它们都能够激活人体神经系统中的压力反应。行为金融学和神经心理学的相关研究表明，在此类不确定的条件下，大脑正常运行会受到阻碍。

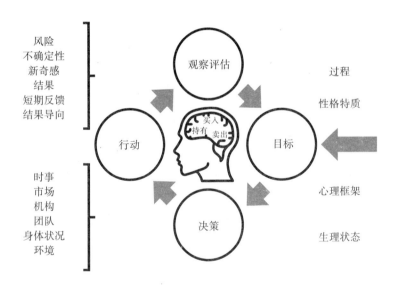

图 3-1 影响交易员交易绩效的客观环境

人类天性偏爱舒适、确定和熟悉感，追求掌控感。而交易员无力控制市场的运行，对任意单次交易的结果也无法控制。每个交易的决策都会造成相应的后果，这种后果不但涉及经济方面，而且更会影响心理和生理方面，必须由交易员谨慎地处理。交易员们必须应对盈利和亏损带来的高潮与低谷，应对连续发生的亏损，应对交易过程中的错误，应对行情判断的错误，甚至要应对完美执行交易过程却仍然难逃亏损的郁闷局面。

是的，你做了一切该做的事情，充分地进行了分析，完美地执行了策略，妥善地管理了风险，保持了开放性的思维，但你仍然亏了。

有时候，你被迫在信息不充分、时间不够充裕的条件下做决策，这些都会让你付出额外的认知和情绪成本。比如机构交易员有制定年度预算和服务客户的压力，又比如基金经理有应付投资者关切和潜在的资本赎回的压力。

高潮和低谷

"你盈利的时候，交易就是世界上最美妙的工作，你亏损的时候，它就是最糟糕的。"

——一位期货交易员

当我在交易大厅遇到交易员，互相打招呼问"近况如何"时，他们一般会回答"有好有坏吧"或者是"有盈有亏，稍微亏一点吧"。

这种回答，倒是非常传神地总结了交易的体验。对一些短线交易员来说，这种起起落落在一个交易日就能重复很多次。对其他周期长一点的交易员来说，这种体验的频率稍微低一点，时间稍微持久一点。

在我所接触的交易员中，还没有哪一个能逃离这种有起有落的模式。

其实，以我 20 多年与多个高绩效领域的顶尖竞技者们共事的经历来看，这种高潮和低谷几乎是他们的标配了。我相信对所有在严苛的环境下，追求最佳表现的高绩效竞技者来说，高潮和低谷就如家常便饭。只要你在乎结果，它就会如影随形。

你不想压力这么大，最简单的办法就是让自己不在乎，但这么做就会导致，你很可能没法发挥出自己的最佳水平。

高潮和低谷，就是交易的完整经历，就是交易的旅程。只有在低谷中，我们才能学到应对的态度和技能，令我们迎接未来的挑战。

当然，人生本来就充满了高潮和低谷。从事市场交易不过是人类普遍经验的高度浓缩版本而已。而人类向来以能适应环境著称，因此一方面这种高潮和低谷给人类的思维、情绪、情感都带来了不小的挑战，但另一方面，这也意味着我们终将克服它们。

"人生，就是个艰难的、残酷的、磨人的、逼仄的、困惑的、要命的事情。"

——爱比克泰德

交易的低谷期或长或短。不管长短，交易员都需要技能才能应对过去。压力，可能是短期的急性反应，也可能是更长期的慢性暴露。长期的慢性压力反应会为交易员带来额外的挑战，我自己的客户已经有很多类似经历，那就是疲惫和力竭，发展到极端就是彻底透支。

压力和疲惫，显著地降低了交易员做出正确决策、发挥最佳潜能的能力。它们让交易员更倾向于短期利益，提升风险厌恶度，更易造成非理性偏见，弱化诸如自控力在内的正常认知功能（见表3-1）。因此，在市场中刀枪不入的基础，就是做一切必要的心理资源建设，来抵消掉压力反应，减少疲惫感，提升生理机能。

表 3-1 发生盈利和亏损后的心理学解析

	盈利后	亏损后
大脑	寻求奖励的脑回路被激活	回避风险的脑回路被激活
荷尔蒙	睾丸素	皮质醇
情绪	兴奋	恐惧
感知	快乐	痛苦
风险接纳度	寻求风险	厌恶风险
倾向性	自矜功伐，非理性地过度自信	妄自菲薄，非理性地悲观

通过对我的客户进行调研，我总结了交易员面临的一系

列压力源并将其列举如下，其中一些我引用了交易员的原话，你看是否有和你相同的情况。

▸ 面对持续的亏损，账户萎缩。

"2017 年 7 ～ 8 月，我持有完全不合理的过大的仓位，并亏掉了一整年的收益。我显然压根就没有处理好它。"

▸ 市场的不确定性。
▸ 价格的波动性。
▸ 踏空交易机会。

"市场的走势再明白不过了，但我却没有持有头寸，甚至因为想得过多而持有反向的头寸，这简直让我难以接受。"

"看着别人在走势中左右逢源，而我却左支右绌，这会让我先是以愤怒和沮丧开仓，然后因头寸越套越深而感到窒息般的痛苦。"

▸ 期望的事情迟迟不发生。
▸ 担心怎样挣钱，担心下一笔利润的来源。

"今年以来的亏损还没有让我很受打击，但下一笔钱该从哪里挣这个问题却让我很崩溃。在经历了一连串的亏损的交易项、交易日、交易周后，我开始思考我还有可能从这里挣钱吗？我过去也有一些时刻，尽管业绩平平甚至亏损，但我无限乐观，因为我正持有正确的策略走向未来。相反，我有很不错的半年业绩，然后遇到一系列亏损的打击，这样我就确实没招儿了，我都觉得我不可能在当年盈亏上再增加一块钱了。"

▶ 头寸被套。

▶ 对某个头寸过分关注，超过了必要的程度。

"当我持有相对较大的头寸，超过了正常交易的边界时，我就会执着于这个头寸，以至于无法再捕捉其他的交易机会。"

▶ 进度落后于当年的预算或目标。

▶ 别人的交易绩效超过了我。

▶ 一潭死水的市场，无聊。

"市场一潭死水，期待的信号迟迟不出现，这时我的主要问题就是应对自己的不耐烦，它会严重干扰我正常决策的能力。"

▶ 持仓过夜。

▸ 重大风险事件。

　　"让我在交易时压力最大的经历是诸如英国脱欧、欧洲政治选举等重大风险事件，主要是因为市场波动性的增大，导致你觉得自己真应该有很好的交易表现。恰恰因此，不管你实际上做得怎么样，你都倾向于认为自己本可以做得更好。"

▸ 投资者赎回。
▸ 无法清仓，流动性危机。

　　"在市场下行期，尽管想减仓，但减不了，这在信用市场确实是个问题，流动性可能会在一瞬间消失殆尽，导致你无法买入或卖出资产（后者更为紧要）。知道你想做的交易但就是无法实现，这要比实际亏损更让人有压力。"

▸ 规章制度。
▸ 犯错。
▸ 持仓过大。
▸ 同时持有多个市场的头寸。

　　"对我来说压力最大的情形，要么是持仓过大，要么是同时持有过多品种的头寸。"

▸ 来自管理层和领导的"英明指挥"。

▸ 职业危机。

▸ 平衡交易和生活的责任。

"除了市场风险带来的压力以外,对我来说最困难的经历是在市场波动日益增大的时期,面临来自势均力敌的两方面的持续斗争。交易以外的世界有我要承担的责任,履行责任后再回到市场管理头寸,这种来回切换通常会让我受挫折、难以专注,进而导致我无法发挥应有的交易水准。"

▸ 信息过载。

▸ 外界的分心因素。

▸ 疲劳、疲惫和透支感。

以上列表非常翔实地列出了交易员可能面临的压力源。这也充分说明了交易环境的复杂性。当然,不是每个交易员都会经历上述所有的压力,每个人的压力反应都会带有个人色彩。但以我的经验看,上述这些都是非常典型的,也是本书想要帮你应对的压力。

这些情形需要交易员具备相应的心理素质和生理机能来克服压力,从而发挥出最佳的交易水准。

第 4 章

适应低谷期

亏损的痛苦

试想你被邀请参与抛硬币的赌局，赌正反面。猜错了会亏 100 美元，那么猜对时赢多少钱，才能让你愿意参与这场赌局？

这个问题来自一项行为金融学的研究，也是我常常在交易心理辅导中提出的问题。大多数的回答是在 101 ～ 300 美元。做市商、短线客，以及高频交易员，这些倾向于多做交易的，大多集中在 101 美元这一端，而追求 2 ∶ 1 或 3 ∶ 1 盈亏比的趋势交易员集中在 200 ～ 300 美元这一端。

偶尔也会有少数人提出 500 美元左右的大数，极个别的会提出 1000 美元。

上述案例对亏损回避的研究表明，人们平均想要赢的金额在 200 美元左右。[6] 也就是说，只有赚 200 美元，才愿意承担 100 美元亏损的风险。赚 2 美元的快乐能抵消掉亏 1 美元的痛苦。

换句话说，亏损 1 美元的痛苦需要盈利 2 美元才能弥补。

这种盈利的快乐和亏损的痛苦之间的非对称的特性，以及人类大脑天然对负面事件更大的关注度（后者构成人类以压力感知为基础的求生情绪的张力）在某种程度上解释了为什么交易的低谷期如此令人痛苦。

因此，找到应对这种痛苦的办法就很关键。

我最近和一位老朋友喝咖啡，我多年前指导过他进行交易，他现在已经不做了。我们聊起在盈利时，交易和生活都变得十分美妙（"你几乎感觉自己无所不能"），也谈到一旦交易不顺利，日子就会过得非常艰难。他接着告诉我，在他的职业生涯中有好几次他经历了交易的至暗时刻，比我设想的最坏局面还要糟糕，之前我从未听他说起过。

他一直在亏钱，失去信心，自我怀疑。在他通勤的路上，他就伫立在列车站台上思索："如果我就这样跳下去，会不会更快解脱？"

一方面，交易本身就是很难掌握的技艺，另一方面，交易员的身体和精神也是需要掌控的因素。交易上的刀枪不入就是要尽可能在短期压力中生存下来，并且尽可能久地留在场内。

有些人把交易比作跳舞，但事实上，交易更像摔跤。毕竟舞伴不会把你举起来摔到地上，也不会用锁喉逼你就范。

"人生更像摔跤而非跳舞，因为人生的艺术就在于时刻准备着，迎接突如其来、意料之外的攻击。"

——玛可·奥勒留

内在防线

"我有两次在短时间内亏掉一整年收益的经历。一次是我'涉市'未深，交易上还不成熟，我留了太多的头寸过夜，结果一根原油管道爆裂，导致市场快速拉升，第二天一早醒来就发现这些空头头寸吃掉了我一整年的收入。另一次我经验比较老到了，但太固执，对我的头寸过分自信，确实没有管理好风险。第二次的经济损失要大得多，给我的打击也大得多，因为我当时还飘飘然对那一年的收益寄予厚望，市场却给我迎头痛击，让我知道亏这个字怎么写。我的谦卑就是从这两次学来的。"

——一位商品交易员

　　你是否做好了充足的精神准备，迎接交易的艰难与挑战？

　　你是否具备相应的认知结构来应对亏损、犯错、踏空行情、恐惧、焦虑、不确定性、压力、低谷、资管赎回、市场变化，以及不如意的业绩？

　　在这个阶段承认没有是很正常的。应对上述逆境绝非我们与生俱来的能力。它是在我们生活的经历和经验中逐渐发展出来的，是后天铸就的。

　　斯多葛派就认识到了为逆境做准备的必要性，并且发展出了一种哲学，让他们能够思考，更重要的是行动，迎接不期而遇的逆境和挑战。从很多角度看，这些古代哲学家就像精神上的运动员一样，不断锻炼精神的强度、灵活性、耐力，直面人生挑战。

　　他们常常提起的内在防线，也就是你内心的堡垒是任何外部不利影响都无法摧毁的。[7]

　　在我看来，内在防线就是一种精神上的堡垒，通过技能学习和练习得到建立和强化，从而让你有效应对逆境。这一防线不是生来就有的，而是在人生经历和交易经历中建立的。在交易中刀枪不入的一个环节就是建立和强化你的内在防线。在本书中，每一次练习和对每一种技巧的学习都是给你的内在防线添砖加瓦的良机。

问问自己：

你的内在防线最近表现如何？

你最近做了哪些工作来强化你的内在防线？

适应低谷期

风险注定与交易相伴存在，即负面的体验是这个游戏的组成部分。它们根植于这个活动的本质中。所有的交易员都会时不时有压力、麻烦的念头、恼人的情绪以及不适感。做一笔交易就是承担一次风险，因此感到有点压力是完全正常的。

在此，我给你设定的目标是适应这种压力，以及交易的低谷期。你学习应对交易低谷期的最有效的方式，就是实际感受它们的存在。

你只有在亏损的交易中、持续的账户回撤中、经历交易失败中，以及踏空行情的懊恼中，才能切身感知你的恐惧；只有在与市场的无常习性的不断斗争中，才能逐渐形成你的应对技能和策略。通过直面这些压力，你在生理上训练自己承受住了身体对压力的反应。

如果你在交易上回避压力或任何艰难处境，你就永远不能在心理和生理上的产生抗压能力，也就无法发挥出你的交易潜能。

"大树无法自己长出强壮的根系，除非强风在撼动它，拉扯、摇晃只会让它的根越扎越紧、越扎越深。同理，磨炼对人的成长十分有益。"[8]

交易上刀枪不入的训练目标，不是让你回避和摆脱交易的压力和不适感，而是让你充分习惯和适应这种状态。

花几分钟时间回忆一下，在你的交易经历（或者人生经历）中，当你：

▸ 挺过了极为艰难的时光；

▸ 从相当恶劣的遭遇中，从挫折和亏损中恢复元气；

▸ 经历狂风骤雨，内心依然平和；

▸ 刻意锻炼自己，走出舒适区。

在每种情景中，问你自己如下问题：

▸ 你是如何渡过难关的？

▸ 你表现出了什么样的品质、能力或态度？

▸ 你用了什么技能？

▸ 你学到了什么经验和教训？

这个练习非常好地提醒了我们，刀枪不入的本质是经验性的建构，这就是我们在交易上要聚焦于积极行动，而非逃避压力的原因。

"如果没有狮子、九头蛇、牡鹿、野猪，没有需要消灭的反派，如果没有这些挑战，你觉得赫拉克勒斯会变成什么样？"

——爱比克泰德

第三部分

BULLETPROOF TRADER

践　行

第 5 章

思维方式决定物质

你的交易思维方式

"我们无法控制事件本身，但我们能控制自己对事件的态度。究其本质而言，没有一件事在本质上是灾难性的，即便是死亡，也只有在我们害怕它的时候才显得糟糕。"

——爱比克泰德

你的思维方式，是你的信念、认知和原则的集合体。它能够反映出你的世界观、人生观、价值观。它也会塑造你看待问题的方式。在交易中，思维方式会决定你如何看待关键的

交易因素（见图 5-1），诸如市场、风险、不确定性、金钱、盈
利、亏损和错误，同时也会让你受其影响。

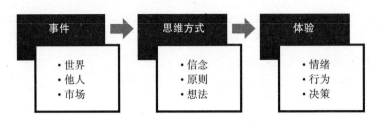

图 5-1　交易中，思维方式的作用

　　思维方式，自你出生以来便开始形成，随后受后天环境
和个人经历的影响。你的家庭、学校、生活、朋友圈、运动和
爱好、教育和工作都会影响到它。你阅读交易有关的书籍、学
习交易、亲身经历市场，都是交易思维方式形成的契机。

　　关键的人和事，不论积极的还是消极的，都可以在改进
你的思维方式中起到重要作用。一次金融危机、极为艰难的低
谷期，抑或是一次成功的交易，一位受尊敬的同事、教练或导
师，所有这些都能帮你发展出信念和认知，以支撑你取得最佳
交易绩效。

　　但是，你现有的交易思维方式良莠不齐，其中也存在思
维短板，使你无法采取胜算最大的交易行动。

　　而作为刀枪不入的交易员，他的思维方式能够支持他做
出成功的交易决策。这一点在本书中还会反复提及，但这里要

关注的是思维方式本身，以及如何应对压力和挫折。

你看待压力、挑战、挫折、亏损和导致亏损的交易错误的方式，都会深刻影响你的经验，以及市场中的成败。

渐渐习惯压力

心理健康专家凯利·麦格尼格尔在她的著作《自控力》中，阐释了习惯压力而非逃避压力的重要性。[9] 在书中，她引用了一些有趣的研究，关注人体对压力的感知对身体健康的影响。这项研究在 8 年时间里调查了 28 000 个成年人的压力程度（以感知来衡量）、是否相信压力对健康有害，以及采取何种行动来调节压力。

调查发现，那些感知到高压力，并相信压力对身体健康有害的人，提早死亡的可能性提升了约 43%。

相比之下，同样感知到高压力，但不认为压力对健康有害的，死亡风险竟然是最低的，比那些相信压力对健康有害但压力水平不高的人还要低。

这一研究，质疑了压力本身即是有害的这一理念。看来压力本身不是问题，压力水平的高低也不会对身体构成影响。这里主要取决于我们认为压力是否有害的看法，即对压力的态度。

也就是说，我们对待压力的思维方式才是问题的关键。

书里还谈到另一个试验，就是让人经历两种压力情景：先是做一段带摄像的 5 分钟的关于个人缺点的演讲，面对的是一群特意安排好质疑演讲者的评委，然后是数学测验，要求从996 开始每隔 7 个数字逆向数数，同样面临着一群会给出负面反馈的评委。

在测试前，一部分被试者被告知在试验情景中会出现的压力体验，以及他们会感知到的身体反应（比如心率加快、呼吸急促等）会对他们发挥出更好的表现有帮助。这些是你的身体在面对挑战时产生的动员反应，让你能充分发挥潜能。另一部分被试被告知在测验场景中压力的感觉和体验会对发挥不利。相比之下，受到前一种指导的被试发挥出了更好的水准，承受的压力也小很多。

因此，我们看待压力的思维方式，要比实际压力本身更能对我们的身体、健康和发挥水准产生影响。认识到这一点，你就能意识到应对交易压力的一项最重要的策略，就是改变你对它的认识。

交易员需要认识到，压力既是一种正常现象，同时，重要的是，压力也是一种有益的成分。这一认识从长期看减轻了压力对健康的影响（慢性压力），短期看也能提升你交易的表现（急性应激）。

关于压力，发展出提升表现的思维方式的两个步骤：

（1）接纳压力作为市场交易中正常存在的部分；

（2）将压力反应视为帮助提升表现的动力。

亏损、错误和挫折

你如何看待亏损，失败和错误的？

马修·萨伊德在其著作《黑匣子思维》中探讨了失败在成功中所起的作用，作为案例他对比了医药业和航空业对待错误的不同的文化。[10]

他发现医药业对于错误一向有负面的评价，错误的曝光率非常低，或许是出于避免医疗过失引发纠纷的动机。这一文化导致的结果就是，人们犯下错误，但没有吸取足够的教训。同样的错误反复上演，而医疗绩效没有提升。

相比之下，他发现航空业对错误采取了更加开放的态度。在这里，错误不仅在同一航空公司内部被上报和分享，而且在全世界的不同航空公司之间也是如此，这促成了普遍性地从错误中学习的氛围。人人都能从中受益，全行业的安全性和绩效都得到了提升。

你对错误又采取了什么态度？你是如何看待亏损、挫折和困难的呢？

桥水基金的掌门人瑞·达里欧认为，从错误中学习对于自我提升和取得最终的成功而言至关重要。[11] 在他看来，每一个错误只要被甄别，并被积极采取行动来应对，都可以成为提升交易水平的机会。对交易员来说，用文字写下自己犯错的过程、其中隐含的教训、未来需要做出的改变，会对他们后续的交易十分有益。他们可以不断回顾这一日志，强化自己的认知。虽然我们无法杜绝交易的错误，但至少能够防止自己一遍遍犯下相同的错误。

总之，发展思维模式，令你把错误、挫折和亏损看作学习和成长的机会，将让你更好地应对它们。

斯多葛派坚信，挑战和挫折注定是生活的一部分，而且也是极为重要的自我提升的契机。以这一哲学为基础的思维方式将逆境看作机遇，将困难看成道路本身。

"我们的行动会受到阻碍，而意志和性格不会。因为我们善于适应和调整，思维能够将行动的障碍转化为目标，因此障碍本身就成为行动的目标，阻碍我们的磐石也就成为前进道路的基石。"

——玛克斯·奥勒留

同样的思维模式也会令交易员受益。

应对交易的亏损、错误和挫折并从中学习的三步骤：

（1）将亏损、错误和挫折看作学习的机会；

（2）写下你对这个亏损、错误、挫折的想法和感受；

（3）写下你从这个亏损、错误和挫折中吸取的经验，以及未来将采取的应对措施。

值得一战的对手

在做运动心理辅导教练时，我曾遇到一些运动员在面对特定的对手时会感到十分焦虑，尤其是那些排名很高，被公认为更强的、获胜概率更大的运动员。

有些运动员在面临此类强手时会过于恐惧。他们会千方百计逃避这种对局。短期来看，这种逃避对手的行为减轻了焦虑水平。但长期来看，他们损失的是和强手切磋的机会，他们本可以在这种切磋中发展和提升他们自己的竞技水平，从而成为更好的运动员。

为帮助这种运动员，我鼓励他们转变思维模式，从畏惧强敌，转变为力求一战。我要提醒他们比赛（competition）这个词的原本含义。在拉丁词根中，它源于 com（意为"在一起"）和 petere（意为"寻求"）的组合，原本的意思就是在一起以求得结果。

这本来不关胜负什么事情。

在我的帮助下，这些运动员能认识到，竞争能够令优秀的运动员在一起，找到提升技艺、磨炼技能、锻炼心智和锤炼体魄的途径。要想实现这些目标，最好的途径就是对抗一个强悍的、更优秀的、能够充分测试出你的水平的对手，他值得你全力以赴，给你提供进步的机会。

这样的对手，值得一战。

当你有幸拥有一位值得一战的对手，他会充分激发你的潜能，这对任何有志于充分开发自身潜能的竞技者而言都是不容错失的良机。

市场交易中的艰难时刻，完全等价于运动员面对的一位强悍的对手。它既可以被看作令人恐惧和想要逃避的事物，也可以被视为值得一战的对手，一次试出你水平的机会，最终令你得以提升水平，获得成长，找到交易中那个最好的你。

"每当你遇到困难和挑战，记住这不过是上帝为你安排的更年轻力壮的对手，就像体育训练。为什么？因为问鼎奥林匹亚之巅离不开艰苦的训练！只要你能善用这次成长的机会，正如竞技者珍惜他的陪练，我认为这个挑战就是再好不过的了。"

——爱比克泰德

发展刀枪不入的思维方式

通过转变你的思维方式，不再将压力看作有害事物，而是看作正常现象，看作能够激发你的应对能力的有益事物，将亏损、挫折和挑战看作学习的机会，不断打磨和精炼你的交易决策过程，你就能够提升你对交易中存在的挑战和困难的体验，能够更好地与它们相处。

艰难的经历可以看作值得一战的对手，从长期看，这是命运为你安排的使者，帮助你提升水平、精进技艺。

对你来说，怎样看待压力、困难和挑战，怎样看待不确定性、亏损、错误和低谷期，会对作为交易员的你有好处？

| 第 6 章 |

践行，便是无条件的执行

动机的陷阱

这些年来，我有幸与几千位新入场的交易员共事，主要是那些投行出身的，或者是自营交易团队的训练项目培养的交易员。我遇到的几乎每一位新手交易员都跟我说他动机很强烈、非常强烈，渴望取得交易的成功。大多数人告诉我，他们为了成功将不惜一切代价。

动机，仅仅是对成功的渴望。而践行，才是让你实际成功所需要的行动。

动机只是一种感受。虽然它的存在会激发出能量，让你采取行动，但它是很不稳定的，来得快去得也快。

如果动机不足，交易员又该怎么办呢？比如处于交易低谷期，市场如一潭死水，或者处于比这更难做的市场中呢？动机不足时交易员还能不能有效地采取必需的交易行动呢？

思考以下两个选择：

（1）在未来的交易生涯中，当且仅当你感觉充满动机、情绪饱满、交易进展顺利、交易盈利、精神状态正常、感觉良好时，才采取必要的交易行动来最大地提升交易成功的可能性。

（2）在未来的交易生涯中，不论你是否有动机，是否情绪饱满，是否感觉良好，是否交易顺利，乐观或是悲观，冷静或是焦虑，放松或是恐惧，有无精力，有无信心，你都能采取必要的行动来最大限度地提升交易成功的可能性。

你会选择哪种？

许多人会将采取必要的行动与特定的思维模式、情绪、有一定的动机等条件挂钩。但在交易上，交易员经常需要在内在感觉不适时采取必要的行动。

▶ 交易员需要抓住市场中出现的机会，即便刚刚经历过一次亏损或一连串亏损导致脑海里负面的想法和情绪不断出现。

▶ 交易员需要抱紧盈利的仓位，即便是不止盈可能就会后悔的念头不断出现。

▶ 交易员需要采取止损的行动，即便是止损后价格还会
回来的想法不断出现。

成熟的交易员在内部想法负面、情绪糟糕、身体感觉不
适时，仍然能采取有效的交易行动，这一点非常正常。

从动机到践行

践行，就是聚焦于行动。它关乎采取行动做必要的事，
无论是否疲惫，是否焦虑，或是否出现了其他负面体验。

践行，是长期有效的。它无视动机的存在，无视你的感
受，只需要你在当下采取有效行动。

当你采取行动，你便为转变思想和身体状态提供了机
会。行动本身会通向动机的强化。行动，实际上可以是动机的
先导。

行动在先为因，感受在后为果。

这些年来，我在很多高绩效领域和竞技者共事，我逐渐
意识到，尽管动机的高低对取得成功非常重要，但践行却重要
得多。它是成功更重要的决定因素。同时它也是心理灵活性、
承压能力、意志力的核心因素之一。

坚决的行动

倘若你想在奥林匹克运动竞技中成功，爱比克泰德说："那很好，但你要想清楚这意味着你要让自己进入何种境况。这种渴望究竟意味着什么？先要做什么？然后做什么？你需要付出什么代价？接下来又是什么？究竟这一系列的行动是否对你真正有好处？如果是，请继续。如果你想在奥林匹克竞技中取胜，你就要遵循一套严格的训练规则，来拓展你承受力的极限，从而令你做好竞技准备。你要遵循死板的规定，控制健康的饮食，不论寒暑都要定期做严格的练习，并且放弃饮酒。你要像遵医嘱一样，一丝不苟地认真执行教练的教诲。"[12]

坚决的行动，就是定期地、持续地采取步骤，来提升交易成功的概率，增加你的优势。在《提升人类表现的心理学》（*The Psychology of Enhancing Human Performance*）一书中，加德纳和莫尔将坚决定义为"一个人能够定期地、持续地表现出特定的、能够直接导致最佳表现的行动"。[13]

短期来看，坚决和你执行交易策略的情况有关，这也是通常说的自律（discipline）、坚持（poise）。

长期来看，它意味着你在交易的高潮和低谷之间坚持有效的行动，也被称为毅力（perseverance）。

要发挥出你的最佳交易水准，实现你全部的潜能，需要你同时具备自律和毅力。

你需要采取哪些具体的行为和行动，才能使你的交易达到最佳状态，并充分发挥你交易的潜力？

对你来说，在最具挑战性和最困难的情况下，诸如经历一次亏损、持有浮盈的仓位、经历交易的低谷期、交易犯错以后，在这些情况下，什么样的具体行动对你来说是最有效的？

坚决的行动是无条件的

这一点很重要，那就是你不可能在特定的条件下才采取坚决的行动。[14] 你要么行动坚决，要么不坚决。

下面是一些例子，说明交易员是如何给交易行动设置条件的：

"当然，我会止损的，只要我感觉没那么糟糕。"

"我会一直持有，直到我坚信自己不会再为可能被证明是错误的离场而感到懊悔。"

"我很乐意承担更大的风险，只要我不用再为离场感到焦虑。"

坚决就是彻底的坚决，这么做不是为了让自己感觉更好或者感觉良好，也没有成功的必然保障。你做的每一个交易决定都需要这种觉悟。你在成长为更好的交易员的过程中采取的每一步行动，也都需要这种态度。

这一思想，即彻底坚决的行动，不论成败，不计后果，我曾与很多交易的客户共同实践过。事实上，它总是能帮助交易员显著减少压力和焦虑水平，明显提高交易执行力。

当你为了达成交易目标而采取行动时，有哪些可能出现的难以应对的内心经历（思想、情感、感觉）？你愿意让它们占据你的心智空间吗？

坚持：交易自律的艺术

"对我来说，交易中最大的压力源自我偏离了交易计划，或超出风险承受范围进行交易，或是背叛了预先确立的交易规则。这些都会打乱我的节奏，让我很烦躁、沮丧，每当这时，我就会写下文字，确保对下一笔交易我又遵守了自己预设的规则。"

——一位投行交易员

短期来说，坚定的决心和坚决的行动，意味着始终如一地执行你的交易过程，通常我们称它为自律。自律是交易的核心主题。当我让我的客户解释自律对他们来说意味着什么时，回答通常是"计划你的交易，交易你的计划"。在这一定义下，所有的交易员都会想到他们有"失去自律"的时候，当他们知道自己该做什么，却无能为力时。

定力，就是采取坚决行动、执行交易计划的能力，即便是在糟糕的想法、情绪和感觉存在的情况下。很多人认为，高水平的足球运动员在关键时刻，诸如世界杯罚球时毫无压力，这是一厢情愿的看法。实际上，高水平运动员和顶尖交易员都只能在有压力的情况下发挥，这就是定力。

在发挥时展现定力，需要三个要素：

▶ 决心：知道什么重要，交易中应该采取什么行动，并且坚决执行；

▶ 觉察：觉察到你当下的内在体验、想法、情绪和感知，以及对当前市场环境的外在察觉；

▶ 主动：主动去承担交易中出现的不适感。

毅力：在路途艰难时继续前行

在你交易生涯中，是否问过自己："我为什么要交易？"如果问过，当时是在什么背景下，发生了什么情况？你还记得你的答案吗？

我无数次听到交易员这么问，尤其是在交易进展很不顺利时。通常我的反应是："你认为自己为什么要交易？"

当交易进展不顺时，你常常会质疑自己为什么要交易。这个问题的意义是找到一个目的，一个坚持的理由，找到让你继续前行的力量。

要成为刀枪不入的交易员，你就必须非常清晰地回答这个问题。在交易不顺、遇到困难之前，你就必须清晰地知道这个问题的答案。

明确自己交易的目的，以及进入市场的初心，是刀枪不入的关键因素，也会在交易遇到困难时帮助你挺过去。你越是熟悉你交易的初心，它便越能为你在关键时刻提供额外的能量、注意力并提高你的参与度。

在艰难时期，有一个能够依靠的价值观会十分有益，你要知道在此期间你希望采取的行动的优势和分量。

在艰难时期，你想成为怎样的人？

从根本上说，毅力就是让你长期采取一贯的坚定行动的机能。它意味着为了应对交易的挑战和困难，一次又一次采取应当采取的行动。它包括随着市场变化调整你的交易风格和行为习惯、在交易不顺期间砥砺前行、在亏损的痛苦中恢复元气、保持交易的精进，所有这些都能最大化交易成功的概率。

"黄瓜是苦的？那就扔掉。路上有荆棘？那就绕开。记住这一点就足够了。"

——玛克斯·奥勒留

增强决心

你的决心越强，你的自律水平就越高，你就越有毅力。

为了让交易员刀枪不入，我鼓励他们通过以下方式积极地增强决心：

（1）知道你的目的——你为什么要做交易，希望从交易中获得什么。（为什么？）

（2）知道你的价值——作为交易员，你想成为怎样的人，你想培育怎样的个性品格和行为品质，这些和你的目的有何关联？（是什么？）

（3）知道你的过程——清楚你需要采取的特定步骤，以最大化成功的概率，清楚这些与你的目的、价值和目标如何关联。（怎么做？）

| 第 7 章 |

厘清你的价值

不同的评价

周一早上，我正坐在酒店的大会议室中，聆听一位享誉全球的交易机构 CEO 的演讲。他正在给为期一周的场外静修拉开序幕，涉及公司资深领导、交易经理以及顶级的交易和研究人才。

自那以后，这一演讲便在我脑海中挥之不去，因为它与我在这类场合下听到的常规演讲完全不同：

"今年，我要大家聚焦在专业化上，在我们各自的岗位上成为最优秀的专业人士。我要每个人都认真思考这对他们意味着什么。从这一点出发，你会对自己和对他人采取什么行动？

凭借着公司现有的人才储备，我坚信如果我们都致力于成为最优秀的专业人士，致力于尽可能好地履行岗位职责，我们就能充分发挥潜能，做出最佳表现。而这一点对我们的损益表有何种影响，就交给市场和其他外部因素来决定。"

这个演讲令我印象深刻的是，它的开场不是一个数字、成绩或一个想要努力实现的结果，以及阐述如何实现这一结果的特定战略（见图 7-1）。它的开场，是一种存在的方式。

它由一种行动的品质开始，进而推动特定的行为。

它承认超出掌控的因素的存在，以及它们对结果的影响。它不否认这些因素，也没有假装它们都必然能被克服，但它聚焦于真正可控的因素。它的核心，就是价值观。

换句话说，它是一种基于价值观的绩效评价（见图 7-2）。

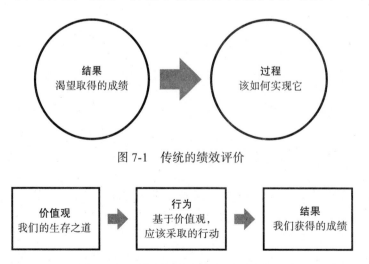

图 7-1　传统的绩效评价

图 7-2　以价值观为基础的绩效评价

价值观的重要性

我们已经认识到了决心的重要性，以及为什么在短期（靠自律、坚持）和长期（靠毅力）采取坚定的行动是很重要的。但我们怎样才能做到呢？为了帮助交易员提升他们的决心和毅力，我更多地关注到他们的价值观。

厘清你的价值观，即什么对你真正重要，在一切对高绩效的追求中都发挥了强大的作用。

当我和交易员共事时，我花时间帮助他们阐释和厘清他们各自的价值观究竟是什么。我们在一起审视了对他们个人来说什么是最重要的，和对他们做交易来说什么是最重要的，并且充分讨论了他们想要讨论的性格力量和行为品质。

对一个在公司工作的人来说，提到价值观这三个字会引发一声叹息。我很理解这一点。在很多机构中，使命的阐述和价值观列表的提出，仅仅是因为它们在那个场合中出现的需要，但它们通常都与员工或其他在场的利益相关者绝缘。这一点，我自己在和一家交易机构合作时就亲历过。这家机构拥有一套很好的价值观，墙上也挂着阐释价值观的精致标语，但我与交易和管理团队一交流，就能发现他们的行为和价值观本身存在明显的背离。

为了不过于抽象，我更愿意把价值观看作我们精心选择的行动的品质，看作行动的能力和特征，看作是你可以练习的事物，也是你存在的方式。

　　构成价值观的，是用语句表达的规则。它能激励我们按照有意义的方式来行动。[15]当你的交易选择与你的价值观一致时，即便面临糟糕的内在体验，你也能被引导着采取有效行动。

　　若缺少价值观的指引，人们就容易被激励着去追求正确，并在意别人眼中自己的形象，刻意逃避有挑战性的内在体验，去做短期内有吸引力的选择，哪怕这样会损害到他们的长期利益。

发掘你的价值观

花时间思考以下问题的答案，在另一张纸上写下来：

▶ 你想成为怎样的交易员？

▶ 你想在交易中体现哪方面的优势和行动的品质？

▶ 在交易或交易以外的世界，谁可以成为你的榜样？你最欣赏他们哪方面的优势和品质？

列举出你的答案，好好思考它。

将你尊崇的优势和行动的品质列举出来后，下一步就是依次选出最重要的五项品质。

以价值观为基础，锻造坚定的行为模式

当你真的花时间打磨你自己的价值观时，一项实实在在的好处就是它可以被用来锻造坚定的行为模式。在压力和逆境下，有价值观支撑的行动要比没有价值观支撑的行动可靠得多，因为价值观是行为的内在深层动机和强力驱动因素。

将价值观转化为行动非常重要，但又往往被忽视。最基本的过程是，在交易中主动思考，可以采取什么行动，来体现你的价值观。这样，你的行为便出自你的价值观。你也可以将价值观与目标关联，从而强化你对它们的践行，你要思考需要采取的行动以实现你的目标，同时又能让行动与价值观一致。这是非常有效的锻造坚定的行为模式、培养坚持和毅力的方法。

对于你最推崇的五种价值观，各想出特定的三种能够体现这一价值观的行为（见表 7-1）。

表 7-1　将价值观转化为行动

价值观	交易行为

价值观、压力和挫折

斯坦福大学的研究者，在跟踪研究 15 年价值观后，发现当人们具备一定时，他们：

- ▸ 更容易相信自己会克服困难；
- ▸ 更容易采取积极行动，而非消极回避；
- ▸ 更容易将逆境看作暂时的现象。[17]

随着时间的推移，这种积极行动的思维会逐步实现自我强化，扭转人们在困难时期的认知方式，鼓励他们进一步采取积极行动，并强化他们能够战胜逆境的信念。

这就产生了研究者所称的"个人完整性的叙述"。

在一项斯坦福大学主导的研究中，参试学生被要求在寒假期间记日志。[18] 其中一组学生被要求记录他们的价值观，以及这一天的活动如何反映了这些价值观。另一组学生仅仅被要求记录这一天发生的三件好事。在寒假结束后，这些日志被研究者回收研究。其中记录价值观的实验组成员更健康，并更有信心应对大学里的压力。有意思的是，价值观组中在寒假期间经历了最大压力的学生，写日志给他的积极效果也最显著。

研究表明，记录价值观是非常有效的心理干预，短期能够提升掌控感和心理健康程度，提升对痛苦的承受力，提升自控力，减少经历挫折后的胡思乱想，长期则可以增进健康和幸福感。即便仅花十分钟简单写写价值观，也会裨益深远。

从你最推崇的五项交易价值观中选出一项，并花十分钟展开写写。

请阐述为什么这一价值观对你很重要。你在交易中如何体现这一价值观？（包括你今天做了什么？）

写一下在经历交易逆境和制定交易决策时，这个价值观会如何指引你。

阿瑞忒[一]

与阿瑞忒同在，也就是与美德或精进同在，这是斯多葛派哲学思想的重要成分。这句话的意思是，在每一时刻都活出最好的自己，当下要做最好的自己。你的行为要与内在的价值观保持一致。

有一次，一位体育交易员找到我，寻求应对交易逆境的建议。我给出的一条建议让他很有共鸣，就是在交易艰难的时候，将价值观和行为联系起来，想想你要代表什么？你想成为怎样的人？

当你在交易中遇到困难和挫折的时候，问问自己这些问题，可以帮你把关注点切回到价值观、优势和品质上来，使你能采取有效行动。

"此时此刻，我该如何在交易中展现出最好的自己？"

[一] Arete，西方神化中的美德女神。——译者注

"在这个艰难的时刻，我想成为怎样的人？"

请你回忆下，你在交易中经历过的最困难、最有挑战性的场景（见表 7-2）。

▶ 在这些场景中，什么样的价值观会非常有用，能够引导你做出适当的应对？

▶ 这种价值观会驱使你采取什么行动？

表 7-2　本节练习

场景	价值观	以价值观为基础的有效行动

与你看重的品格、力量、行动的质量建立联系，会使你更容易在交易上做最好的自己，尤其是在充满压力的时刻、充满挑战的市场环境中，这种联系会指引你渡过难关。

"首先告诉自己，你想成为怎样的人。然后，就做你该做的事情。"

——爱比克泰德

第四部分

BULLETPROOF TRADER

风险和不确定性

第 8 章

管理你的风险

风险、压力和交易决策

人类的大脑擅长评估威胁和风险。大脑中存在能够持续监控风险和奖励、威胁和机遇的神经回路。

这一基础的监控系统对你的生存至关重要。首先，你必须让自己活下去，确保自己不被杀死（风险）。其次，在生存的同时，你必须确保自己能够持续生存下去，并通过食物和繁殖（奖励）维持人口数量。当然，只有前一条件先被满足，后一条件才值得考虑。因此，威胁评估和风险管理，是大脑中高度发达、根深蒂固的神经活动过程。

当你入市交易，持有头寸，你就承担了一份风险。当你做这样的事情，你就激活了大脑中风险感知的相关过程。首先，你会评估："这是一个威胁吗？"如果是，接下来你就会考虑："这个威胁会造成多大危险？"以及最终："我是否有足够的资源来应对这个威胁？"若你具备足够多生理、心理和财务上的资源来应对你所承担的风险，你的身体便会进入"挑战响应"模式，一种有助于提升表现的状态。[19] 反之，若承担的风险超出了你在心理、生理和财务资源方面的承受极限，你的身体就会进入一种"危机响应"模式。但这是一种阻碍表现的状态，会导致认知能力滑坡（包括决策能力和自控力）。

> "每当我在市场中持有过大的仓位，以至于流动性看起来有点稀薄，或波动性开始变大，或者重仓被套的时候，交易对我来说就充满了压力。我是如此关注这一仓位，它让我很困扰，以至于我会错失很多其他市场机会。另外，每当我持仓过重（超出我的容忍范围），它就会影响到我对交易的掌控，比如因为盈亏的巨幅波动太有诱惑力，我无法持有到目标位，或者我无法在预定的止损位离场，因为我不愿意让这个亏损发生。"
>
> ——一位对冲基金交易员

你在市场中承担的敞口数量，会决定你感知的压力高低，你感知到的压力又会对交易决策有影响。因此你需要找到你承担风险最理想的敞口数量，使你尽可能有效地执行交易策略，尽可能多地抓住市场给予你的机会，并将你的整体交易回报最大化。

持仓量最优化之道

"对我来说，最有压力的时刻是我一次交易太大的头寸，或者同时交易的品种太多，在这种场景中我容易失去沉着冷静，做出仓促的决定，从事后看它们很少是正确的决策，而更多是为了减轻当期压力才做的，但这注定会带来长期的挫折。"

——一位期货交易员

我接触过很多交易员，都自称承受了非常沉重的压力，本质上讲，都是因为他们承担的头寸超出了心理上、生理上以及财务上的承受力，尤其是在市场反向波动的时候。

有时，交易业绩的压力也会促使交易员承担过大的头寸，导致交易决策质量的下降，进而导致更多亏损。这会导致负面循环。当然，如果交易员持有过大的头寸并实现盈利，那么这会让他很有成就感。不过这个成就带来的快乐是短暂的，更长期看，若重仓交易反复上演，那么从自律和交易系统化的层面来说，成功的可能性反而降低了。

刀枪不入的交易员应该努力让持仓量最优化。这即是说，要找到属于你的平衡，你要在适合自己的基础上，在相应市场环境中交易策略的容许范围内，以有效执行交易系统为前提，尽可能大地持有仓位。

诚如史蒂夫·克拉克在《对冲基金奇才》中所言："永远只在你情绪承受力范围内交易。"[20] 又正如乔·维迪奇所称："严格限制你的持仓大小，避免让恐惧成为主导你决策的最大的直觉性因素。" [21]

我曾给一家大型投行的顶级交易人才提供了一天的培训。在活动结束的晚宴上，该公司全球交易总裁，同时是一位享誉业界的交易员，做了简短的发言。他在讲话中提到承担风险的"最佳点"，以及在机会最大化和自律地执行策略之间找到平衡是多么至关重要。他也令人印象深刻地指出了超出风险最佳点——持仓过重而且被套，引发的危险和问题。

风险最佳点

若我们将风险承担和绩效表现画在一条曲线上，就可以看到两者间呈现的倒 U 形关系（见图 8-1）。承担的风险较小，绩效表现通常也不起眼。在这些区域，交易员交易的头寸太小，以至于他们无法对仓位投入足够的重视。因此相比正常情

况，他们可能在做出止损前承受更大的反向波动。他们会变得
自大，感到交易无聊，在这种情况下，决策和交易系统的执行
都不会太理想。

在曲线的另一头，若承担的风险过大，就会激活危机应
对机制：情绪亢奋，压力升高，出现担忧和恐惧。同样在这种
情况下，决策和交易系统的执行也不会太理想。

而在曲线的中间位置，就是风险最佳点了。这一区域的
风险承受水平是最理想的，在利润最大化和交易策略的执行之
间能够达到平衡。

我们该如何锁定这个区域？

对很多交易员来说，需要通过不断的试错才能找到这个
风险最佳点。少数人则需要研究和建模。有个直接的检验办法
就是，如果你在交易时对持仓感知到过高的焦虑、压力和恐
惧，就说明你在这个特定的市场环境下持有的头寸太大了。

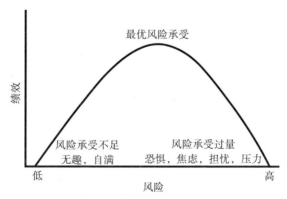

图 8-1　风险承担和绩效——风险最佳点的区域

衡量头寸量的大小，必须具体情况具体分析。这条曲线的形状，对每个交易员、市场、交易策略，以及像是整体市场氛围、当前盈亏情况、财务能力等其他背景因素来说，都是独一无二的。

有很多背景因素会影响风险最佳点的头寸大小，它们包括：

▸ 经验和交易水平；

▸ 个人风险容忍度；

▸ 策略；

▸ 市场流动性和波动性；

▸ 当前盈亏情况；

▸ 心理状态；

▸ 市场风险水平与事件风险水平；

▸ 同时持有多少种头寸。

市场是动态的，所以这些背景因素也会不断变化，调整持仓量大小和风险管理也是个动态过程。据我所知，有些交易员犯下错误，是由于不顾市场环境的变化、心理和生理的状态，死守固定的头寸而被套。

我常常用帆板运动打比方，来说明在持仓量上保持灵活的重要性。帆板运动员会根据比赛类型，比如竞速赛、障碍赛、竞赛、滑浪（wave sailing）、自由式等，考虑天气和水面条件，挑选最合适的板和帆，来尽可能地提升他们的比赛表现。

在风高浪急的日子里驾驶最大号的帆，恐怕不会有特别愉快和成功的体验。（即便在水中驾驶最大号的帆，能令你的虚荣心得到极大的满足。）

专业的帆板运动员会以达到最佳表现为目标，来选择板和帆，而不会考虑怎样最大限度地满足他们的虚荣心。我想，交易员也应该这样对待他们的持仓量。

关注市场环境、你的交易策略、自己的身心状态以及其他重要因素，然后调整持仓量和交易策略，从而尽最大可能高质量地执行交易计划。

风险感知下的决策

所谓风险感知下的决策，就是清楚地认知交易中承担的风险，意味着要觉察我们做风险决策时的内部和外部环境。这是个动态的过程，需要相当的灵活性。关于在持仓上保持灵活，在《对冲基金奇才》一书中有一个案例：

"在 2008 年年初，马丁·泰勒（来自 Nevsky Capital 公司）在一个风险越来越大的市场中，持有大量高贝塔系数股票的净多头敞口。因为对自己的敞口数量感到不舒服，泰勒在1月初大幅减少了头寸。因此，在当月晚些时候市场暴跌时，他已经完全做好了增加多头头寸的准备。若泰勒仍然保持大量多头仓位，他可能就要被迫在市场疲软时卖出，以降低风险，从而将彻底错过随后的反弹机会。"[22]

　　所以重要的不是你的仓位有多大，而是在机会最大化与执行和决策质量之间的平衡，这关系到减少过度的压力暴露，以及最大化你的交易回报。

第 9 章

拥抱不确定性

选择哪个盒子

设想你面前有两个封闭着的盒子，盒子 A 装有 100 个小球，其中有 50 个红色的、50 个蓝色的。盒子 B 也装有 100 个小球，里面有红球有蓝球，但是不清楚相应颜色的数量。

现在，你的任务就是挑选一个颜色，并选出其中一个盒子抽出对应颜色的小球，以赢得大奖。

你准备选什么颜色？选择哪个盒子？

在这个问题中，选什么颜色其实不重要，但选哪一个盒子很重要。你觉得大多数人会选择哪个盒子？如果你觉得是盒子 A，那么你答对了。

为什么盒子 A 比盒子 B 更受欢迎？

一切都和确定性有关，这是已知信息。

在盒子 B 中，选出你想要的颜色完全有可能概率更高，但这个概率是未知的。当然，这个概率也完全可能更低。这里缺少的就是确定性。由确定性带来的舒适感，或者未知信息带来的不适感，驱使人们选择盒子 A。

以交易的视角看待这一现象就十分有趣。因为从事市场交易从经验上看更像是在选择盒子 B 而不是盒子 A，交易中存在不确定性和未知，存在无法精确衡量的风险。

市场、交易员和不确定性

人类的天性，决定了人们相对于不确定性，普遍更偏好确定性。然而，市场注定不是稳定的、确定的。正如马克·道格拉斯所言："市场中每一个时刻都是独一无二的。"[23]

我们无法预知未来的事情。未来各种市场变化会在脑海中浮现，这一点会带来焦虑感。因此作为交易员，他们必须正视的一项核心挑战，就是培养出应对市场不确定性的能力。

想象你坐在实验室电脑前，玩一个游戏。游戏要求你选择屏幕上特定的石头，但有个"惊喜"，其中一些石头下面藏着蛇。如果你选到有蛇的石头，手上就会感受到让你略感疼痛的电击。在你玩游戏时，电脑会评估你在做每一个选择时感受到的不确定性，同时，通过测量瞳孔的扩张和出汗情况，来监控你的压力水平。

这是伦敦大学学院主导的一项真实研究。[24]

结果显示，人类在不确定性最大的时候感受到的焦虑水平最高。实际上，相比你确定自己会找到一条蛇，在你高度不确定自己是否会找到一条蛇时，压力水平要大得多。

不确定性，尤其是对潜在负面结果的不确定性，是使人充满压力的，而作为交易员，却要相当频繁地暴露在这种环境中。

有多少次，市场的实际走势和你计划的一模一样？大概非常罕见吧。市场本质是动态的、不确定的。你改变不了市场的本质，但是你可以改变你应对它的方式。

你可以开发一种思维方式和技能，以更有效地应对市场的不确定性。

世事无常

"没有人可以连续两次踏入同一条河流，因为河流不是当初的河，而人也不是当初的人。"

——赫拉克利特

世事无常，是我在正念训练中学到的一个原则。它也是斯多葛派哲学思想的核心之一。它涉及这样一种理念，即一切事物都处于永恒的变化中，从这个时刻到下一时刻，直到永远。你内在的想法、情感、感知处于不断的变化中，外部的市场同样如此。

从思想上接受世事无常这个理念，在本质上就意味着承认你内在和外在体验的不确定性。这一点可以帮我们减轻压力和焦虑。在你的思维模式中植入世事无常这个理念，能够令你的交易行为更加灵活，对于动态市场的节奏转变采取更加开放的态度，也能够令你相应地调整交易的风格和策略。

在发生连续亏损、业绩下行时，或处在交易逆境中，世事无常的思维模式就尤为关键。它能提醒你，交易的亏损是暂时的，不可能永远持续。市场风格的切换也是暂时的，不会一直这样。你业绩的波动也是暂时的，它们都将随风逝去。

一切事物都处于永恒的变化中，无论是交易还是生活，世事无常。

练习不确定性

只要你让自己充分暴露在不确定性中，擅长应对不确定性就是可以做到的。事实上，我们最佳的选择就是暴露在不确定性中，学习与它相处，学习怎样度过它。

为了帮助交易员理解世事无常，理解内在和外在世界的变化，我会采取一种基于正念冥想的精神训练法，叫作觉察练习。以下是这一练习的大致步骤。

这个基于正念冥想的觉察练习，能够帮助你体验当下，能够更加包容不确定性的存在，觉察我们感知和经历中的无常本性。

请让自己舒适地坐下，双脚平放在地板上，后背自然向上挺直，但要充分放松。

尽可能放松你的肩膀、脖子和手臂。花点时间，消除你感知到的一切紧张感。深吸一口气，在呼出时想象自己充分地放松。

你试着闭上眼睛。若更愿意睁开双眼，那就视线放松，看向你前方的地板。

将你的全部注意力集中在你的呼吸上，让你的意识在呼吸中充分安定下来，呼气……吸气……

现在将注意力从呼吸上转移，关注任何接下来进入你意识的事物。

不论是一声响动、一个念头、一种身体的感觉，或其他任何吸引你注意力的事物，你都要全神贯注地聚焦到它上面，用它来锚定你的意识。

观察这个意识自然流动的过程，像观察自己的呼吸那样，又像在沙滩上观察海浪那样，不要去思索它，不要陷入其中，不要尝试维持或者驱离它，仅仅是观察它。

若你觉得对分散注意力的事情保持适当的距离比较困难，你发现自己总是不自觉地陷入其中，有个技巧你可以参考，就是给它们贴上简短的标签。比如你产生了关于交易的一个念头，你就可以给它个"市场"的标签，然后感知这个念头的存在，而不必思考它的内容。或者你也可以用更简单的标签，比如"想法""声音""感觉"等。

每当你注意到自己分心了，就关注这个让你分心的念头，关注这个念头怎样变成另一个念头，或者彻底消失不见。

每当一个分心的念头消失，敞开心扉，准备用同样的方式对待下一个念头。

如果你感觉自己变得太刻意，或者你感觉自己的注意力很不稳定，就停下来，放松，放下杂念，回到呼吸上来。过一会儿，当你能重新聚焦注意力时，放下呼吸，重新开启你对当下的觉察。

任何时候，你都能通过观察自己的呼吸，重新找到意识的锚。

公共浴室的常态

斯多葛派哲学家爱比克泰德告诉我们，若我们去公共浴室，可能会发现那里的人们相互推挤、甩水，甚至偷窃。我们要么对此感到不安，要么就提醒自己，在公共浴室里这就是常态。

若我们持有后一种观点，就不太可能为浴室里的遭遇而感到不安、恼怒，因为我们已经理解了这是特定环境中的固有成分。[25]

有趣的是，当交易员被问到为什么要入市交易，他们喜欢市场中的哪一部分时，十有八九他们会提出"多样性"这个词。他们选择交易是因为他们喜欢多样性，也就是这个工作中出人意料的成分。然而这一多样性本质上是由交易的不确定性和诡谲驱动的，它们是一体两面的关系。

你愿意将不确定性换成确定性吗？这个问题就好比问你愿意把交易的多样性换成无趣和单调吗？

在交易中，市场的运行往往出人意料，新奇的事情时有发生，数据并非总是符合预期。特朗普发推特了，小型冲突爆发了，事情的发展并不会一直符合你的期待。若你承认所有这些事情都有发生的可能性，它们就是市场交易的特征，是这个环境的组成部分，我想你就不太容易受其困扰。

未来，带着不确定的模糊感扑面而来，我们除了接纳别无选择。你无法控制市场下一步的运行轨迹，唯一受你控制的便是你如何对这些事件做出反应。

第 10 章

做最坏的打算

成功的准备工作

顶级运动员、运动队、军人、顶级交易员和基金经理，诸如此类在高风险、高压力环境中工作的人，长期以来早已认识到充分的准备对于实现最佳表现的重要性。

计划和准备工作，是高绩效循环的第一阶段（见图 10-1），会影响到你如何执行和管理交易。

在交易前做充分的准备，有以下好处，包括：

▶ 一致性（consistency）——不断重复你的准备过程，能够令你有机会在交易中建立一致感（sense of consistency）；

- ▸ 自信（confidence）——若你准备不够充分，就会感觉到不安，继而产生怀疑和矛盾，减少你的自信，影响你的执行力；

- ▸ 掌控感（control）——你为交易做的准备工作到什么程度，很大程度上是受你掌控的，这是交易中少数几项你能够高度控制的因素；

- ▸ 冷静（composure）——若你做了充分的准备工作，尤其是你做了一些情景规划，制定了对具体情况的应对策略，你就更有可能保持冷静，在充满挑战的市场环境中更加有效地采取行动；

- ▸ 专注（concentration）——你做的准备工作能够成为触发机制，促使思维专注在交易上，帮你从一种思维状态切换到另一种，比如从梦中醒来打开屏幕并切换到交易员的思维。

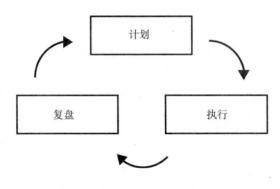

图 10-1　高绩效循环

自信、掌控感、冷静和专注，它们都是交易中宝贵的精神资产，为交易上的刀枪不入起到了重要作用。

当然，每一个交易员做准备的方式都不一样，受到他们交易的市场、交易的策略，以及个人偏好的影响。我发现，通常大多数交易员做准备的方式包括阅读新闻、数据，分析基本面和技术面，以及鉴别潜在的交易机会。但这种准备工作常常明显地偏重我称之为"技术 / 战术"的层面，很少涉及"精神 / 情绪"层面，而这一层面恰恰对市场困境中交易上的刀枪不入发挥了重要的作用。

如果

"超出预料会增加灾难的分量，也总是会增加一个人的痛苦。基于这个道理，我们不应该让任何事情超出我们的预料。我们的思维应该对一切可能性保持开放，不能只想到正常状态下的事物，而是要想到任何可能发生的事物。世上有哪种事物，能够逃脱命运女神的戏弄呢？"

——塞内加

想象自己身处奥运会赛场。这是你比赛的日子，是你展现自己运动生涯巅峰表现的时刻。为了来到这里，你经受了多年运动生涯的刻苦训练。过去四年，你百分百投入到训练中，一切的努力，只为这一刻的绽放。

你感觉自己处于最佳状态，尽管还有一点紧张，但你已经迫不及待要登上赛场，你开始常规热身，让自己进入竞技状态。

现在，设想自己在奥运村中的巴士站，等待出发，但巴士却迟迟不来。因为某种故障，它迟到了，继而导致你没有时间像正常训练那样做热身运动。

又或者想象自己是游泳运动员，或铁人三项运动员，但在出发时护目镜被别人碰掉了。

你感觉如何？又准备怎么做？

在大型体育赛事中，很多意外情况会上演。出现这种意外，就很可能让运动员脱离竞技状态，除非他们已经为这种意外情况做了足够多的训练和准备。多年以来，体育心理学家在辅导运动员的策略库中准备的最重要的策略，就是设想出各种可能发生的情况，并帮助运动员建立足够的技术上和心理上的技能（包括事前预防和事中应对），来有效地应对它们。

这一训练，通常也被称为情景演练。这也是我给我所有的交易客户提出的训练要求。

情景演练

若你还未做过情景演练，那么它将是非常重要、有效的策略，值得你将其加入交易准备中。情景演练最有用的益处，是通过提前考虑未来可能发生的不确定事件，从而减轻这种不确定性带来的压力和焦虑。同时，情景演练也能帮我们开发应对不确定性的策略。

这就是我称为规划不确定性的含义。

"对我来说，最煎熬的交易情景是发生重大风险事件，比如英国脱欧、欧洲有重要选举等，主要是因为这些事件造成市场波动性增强。为了应对这些情况，我需要提前做好计划，先要设想一系列假想的场景，比如'特朗普被弹劾后会发生什么？对我交易的市场品种有什么影响？哪些历史事件是我可以作为参考案例的？'"

——一位对冲基金交易员

若情景演练不但列出了你相信会发生的场景，并且还带来了在特定情景下如何采取行动这种非常明确的计划，根据我的经验，这种情景演练总是会更有效。

情景演练能够令你更加自信。你很清楚自己已经有能力应对一切未来的挑战。而且，当情景真的发生了，你能够辨认出它们，从而更加冷静地应对。

像这样去规划不确定性，能够提前给你造成适度的潜在压力，从而缓解未来的压力反应。而且由于已经具备一个行动的计划，你就能做出更有策略性的应对，而非做出情绪化反应。

前瞻性回顾视角

斯多葛派热衷于做最坏的打算。他们的哲学思想中的核心成分，就是预先设想在旅行、决策中，或在生活中的方方面面可能出现的各种坏事。塞内加这样写道："智者不会遇到与他预期相悖的事情。不可能所有的事情都如他所愿般地发展，但至少不会超出他的预想，因为他已经预想到有事情将阻碍他的计划了。"

斯多葛派的门徒随时准备好应对困难、挫折和干扰因素。他们不但预想了诸如此类的坏事，而且也在筹划如何做出应对。斯多葛派坚定地相信他们应该控制一切可控因素，而放弃控制那些不可控因素。

他们已经意识到，即便是最精心策划的方案，也会受到很多因素的干扰。所以，他们总是为最坏情况做准备。这种设想最坏的情况的行为，也叫预见恶魔。[26]

大多数人都很熟悉事后分析，就是在结果发生以后再去分析事件和决策。很多交易员会在交易决策做出后做事后分析。有没有可能做事前分析呢？

前瞻性回顾视角（prospective hindsight），是由心理学家加里·克莱因普及的一种决策过程。这是一种很有价值的思维工具，能提高决策水平。它不是要从现在这个时刻出发，去预测未来可能发生的事情，而是假想已经处于未来，观察已经发生的事件，这种技术就被称为前瞻性回顾视角。[27]

设想你在参与一项研究，要回答这个问题："你所在的国家，下一次选举领导人出现女性的概率有多大？"请设想出所有支持这一现象发生的理由，而且，要明确给出这一现象真实发生的概率值。

现在，请用前瞻性回顾视角思考这一问题的另一个版本："设想下一次的大选已经发生，一位女性被选为国家领导人。"请你思考这一现象会出现的原因。同样，这里也要给出这一现象真实发生的概率值。

研究表明，第二个问题，也就是用前瞻性回顾视角提问，会激发出更多的思考和创意（在研究中比对照组多出 25%），给出的概率也会更高。[28]

在交易上采用前瞻性回顾视角，就是想象你自己已经身处未来，想象因为种种原因，你的交易没有取得成功。然后，从这个未来视角出发，想象导致这个交易失败的一切理由，而且最好用书面方式记录下来。接着你就可以参考这些洞见，在实际交易前做出必要的调整。

前瞻性回顾视角下的交易

在你交易前：

▸ 想象身处未来的时间点，交易已经亏损了；

▸ 从这个未来的角度进行回顾，思考所有导致这个亏损发生的原因，并写下来。

把这些洞见带回当下，并将它们运用到你的交易计划中。

这种思考方式有时候也被称作负面情景的具象化（negative visualisation）。通过设想可能发生的障碍和困难，并且设想应对它们的办法，我们就能在心态上获得韧性，并且训练自己在充满挑战的市场中，保持高度的冷静。

我有位客户是一家大型资产管理公司的基金经理，他已经能高效地运用这个前瞻性回顾视角。他曾一度害怕自己错过了交易的机会，当年业绩将出现亏损，感到忧心忡忡。于是我们一起运用了前瞻性回顾视角，在一天开始时就让自己进入当天结束的场景，想象在当天结束时，他已经错过了不少交易机会。然后，他要总结为什么会错过机会。他会写下这些洞见，再回到当下，他会吸纳其中有益的意见，并落实到交易计划和持仓布局上去。

第五部分

BULLETPROOF TRADER

专　注

| 第11章 |

训练你的注意力

注意力正是关键所在

B. 艾伦·华莱士在他的著作《注意力革命》中写道:"几乎没什么事情堪比注意力,对我们的生活造成如此大的影响。若我们无法集中注意力,就几乎什么事也办不好。"[29] 不管你是交易员、运动员、音乐家、外科医生、领航员还是任何领域的操作人员,专注、集中注意力在要事上的能力,都是很核心的技能。

你将注意力放在哪里,就决定了你的思想、情绪、感觉和行为会受到何种影响,它会塑造你的大脑。全新的脑回路会被激活使用,持续巩固,最终强化为固定脑回路。

你的注意力去哪里，能量和精力便会如影随形。

你在交易中注意力的质量高低，决定了：

▸ 你能否专注地执行交易系统的特定步骤；

▸ 你对市场信息和线索的敏感度；

▸ 你长时间保持注意力集中的能力；

▸ 你能否注意到自己的分心，不论是来自市场的干扰还是你自己内部的干扰，然后重新聚焦注意力；

▸ 你的自我感知程度，特别是你活在当下的感知程度；

▸ 你监控、引导自己思想、情绪和身体感觉的能力。

注意力水平，能够对你保持精神状态和提升认知能力有帮助。它能在神经层面上提升交易员的韧性，减轻压力反应，提升情绪调节能力，减少冲动，从而提升整体的健康水平和幸福感。

因此，高度发达的集中注意力的能力，是交易上刀枪不入的重要特征。

训练注意力

注意力是可以训练的能力。通过有意识地注意当下的内在体验（想法、感受、身体感知）或外在体验（声音、画面、气味），就可以训练你集中注意力的能力。

集中注意力的训练通过以下几个方面的强化，来提升你的注意力能力：

▶ 控制你专注对象的能力；

▶ 延长注意力时间的能力；

▶ 在你分心时，更快地意识到这一点的能力；

▶ 在分心后更快地重新聚焦注意力的能力。

经典的集中注意力练习可能会用你的呼吸作为注意力的关注对象。这种训练鼓励你将全部的注意力放在你的一进一出的呼吸上。你需要不分心地延长你保持注意力的时间。若你分心了，你就要平静地将注意力再次放回到呼吸上。

将呼吸作为聚焦点有好处，包括便携性，即能够随时随地开展练习。呼吸也仅仅存在于当下这个时刻，为当下这一刻提供了锚定物，而且呼吸也在产生可供观察的身体的感觉。

我合作过的一位基金经理，在他训练呼吸时写道："自从练习了集中注意力，我确实发现自己能够更加专注，分心的时间和次数更少了，不管在交易中还是生活中都是如此。"马克·芬顿－奥克里维（Mark Fenton-O'Creevy）的研究给交易员提供了以冥想正念为基础的集中注意力的训练，研究发现，"即便是很简单的干预，也能引导出专注的状态，提升注意力，提升关注金融市场信息的能力，最终提升金融决策的能力"。

集中注意力的练习

在这个集中注意力的练习中，你将使用呼吸作为你注意力的聚焦点。你需要找个舒服的姿势坐下，让你的注意力自然地安定在对呼吸的感知上，你要跟随呼吸的节律和速度，感受胸腔和腹部的起伏，感受空气流进和流出，什么也不用做，只要静静地感受。当你发现自己走神了，注意它去了哪里，然后自然地将注意力移回呼吸上。

练习开始时，你要舒适地坐下，后背自然挺直。闭上眼睛，或将视线投射到前方的地面上。

将注意力集中在你呼吸中最明显的特征上，可以是呼吸的节奏和速度，也可以是你胸腔和腹部隔膜的起伏运动，或是空气在鼻子里的流进流出。

当你发现自己的注意力分散了，这是时有发生的，并且发生地很快，你需要将注意力移回到对呼吸的感知上面。

这种注意力的转移和思维的游荡，是完全正常的现象。因为意识思维就是这样工作的。

意识到意识的游离，正是正念训练的一部分内容。无论你的意识游离了多少次，让它自然地回到呼吸上就好。

做这个练习的时间可长可短，取决于你的目标规划：

- 6 ～ 10 个呼吸的练习，是适合在交易日中做的简单快速的集中注意力练习：

- 3 ～ 5 分钟的练习，适合时间紧张但需要比较短暂的正式练习的交易员，可以每天做 1 ～ 3 次；

- 8 ～ 12 分钟的练习，适合日常练习，用最短的时间，实现最大的收获；

- 15 ～ 20 分钟以上的练习，适合那些更深入的练习者，追求在专注力上实现更大的收获。

通过集中注意力的练习，建立当下的觉察

对你此时的体验的注意，能够建立起觉察能力，尤其是对当下的觉察。觉察有两个维度，第一是注意到你的思考对象、感知和行为，是一种内在的觉察。第二是一种外在的觉察，能够意识到你周围正在发生的事情，能够有效地从外部环境中获取和吸收信息，并做出适当的应对。

自我觉察是优异表现和刀枪不入的核心技能。特拉维斯·布拉德伯里博士[31]主导的一项涉及多种不同行业的研究发现在自我觉察水平较高的人群中，83% 的人绩效非常优秀，而在绩效最差的人群中，只有 2% 的人群自我觉察水平较高。

要实现高水平的绩效，就需要具备自我管理和自我调整

的能力，而这又在很大程度上取决于你自我觉察的能力。举例来说，若你无法觉察自己的情绪，你就不能很好地管理情绪。觉察你当下的想法、情绪和感觉，是你能够管理它们的前提。这也是自我控制、交易自律在神经学层面上的基本前提条件。

我经常用河流来打比方，说明发展出当下的自我觉察的好处。当你站在河流中，你就处于水流之中，随波逐流。你体验到的是水流的不同状态，平静的或湍急的，尤其是在快速流动的水流中，你感觉自己几乎没有控制力可言。而觉察你自己、观察你自己能够令你在河流的正上方，以一种俯视的视角，从完全不同的角度观察这条河流的情况。河流还是那条河流，但你对它的体验已经完全不一样了。因此你能够做出的选择也是截然不同的。这种注意的能力，以及能够做出有效选择的能力，正是提升自我觉察水平带来的核心好处。

主动回应与被动回应

"此时提醒你自己，过去和未来都无法左右你，只有当下可以，但即便如此这个影响也可以被最小化，只要划清它的界限。"

——玛克斯·奥勒留

提升你的注意力和觉察能力，能够提升自由度与选择的可能性。它也意味着能够提升你对行为的控制力。只要你愿意，你就能更主动地应对周遭的变化，而不会按照以往的精神和情绪上的惯性消极地应对。

这种主动反应的能力对交易员来说十分关键，尤其是在经历充满压力和挑战的时刻时。加州大学洛杉矶分校（UCLA）正念意识研究中心的丹尼尔·西格尔（Daniel Siegel）在大卫·洛克（David Rock）的《关于大脑的真相》（*Your Brain At Work*）一书中对这一过程的神经学机制进行了详尽的解释：

"我们完全可以在做出反应前先停顿一下……这能够给我们思考的契机，权衡各种选择，选出最合适的应对方式……像这样稳定地、深入地关注思维过程本身，之前混沌一片的神经回路，就变得可辨别、可调整。通过这一方式，我们就能有意识地调整大脑运行的方式，最终改变大脑的结构。"[32]

在做出反应前先停顿一下，这对自控力、自我调整的能力十分关键，我们也可以称其为交易上的自律。

凯文·奥克斯纳博士，哥伦比亚大学社会认知神经科学实验室的领军人物，以这样的方式解释了自我的觉察："自我觉察就是跳出自己的身体边界，尽可能以一种客观的方式审视你自己的状态的能力。"[33]神经科学家将这种跳出自身边界、观察自身体验的能力，比作拥有一位中立的观察者，或者称作观察者自我。

观察者自我

在我看来，通过集中注意力的练习培养出的当下的觉察，是自我觉察的核心标志。这本质上是在训练我们称为观察者的自我。正是这个观察者自我，正在注意其他部分的自我的所思所感。只有这一部分的自我，才能觉察到我当下究竟处于怎样的体验中。

有位上过我课的商品交易员，在完成集中注意力的练习后，是这样描述他的认知转变的："在我交易时，就好像是从外部第三人的角度在观察我自己。"

在范·K.撒普的《超级交易员》中，前基金经理汤姆·巴索描述了他自己的自我觉察，比较有意思：

"在我需要进展，或需要与人互动的场景中，我会在大脑中塑造过去的事件，思考其他人会如何处理这一情况……我总是会设想在这个房间里还有另一个汤姆·巴索，在观察这个和你谈话的汤姆·巴索。有趣的是，随着时间的推移，我发现这个观察者出现得越来越频繁了。以前仅仅在一天快结束时才出现。"

"在我承受压力时，比如当我进入市场、在众人面前表达

自我、创业、和客户打交道等时，我发现这个观察者的存在能
够帮助我渡过难关。如果我感觉尴尬或者不舒服，我就可以用
旁观者的视角观察我自己做事。现在，我能够时时刻刻维持这
个观察者的存在了。"[34]

　　只要具备客观地观察和思考你的交易的能力，你就有可
能调整和指导你的交易行为。对自我的觉察，能令我们跳出自
己习以为常的自发的意识流，而在你聚焦注意力和精力的地方
具备选择权和灵活性，从而控制你的想法、感受和行为。

练习观察者自我

花点时间调整到舒适的坐姿，然后开始做下列练习：

- ▹ 注意在你的身体和坐具以及地面之间的接触点；
- ▹ 注意周围的声响；
- ▹ 注意你的呼吸，空气的流入与流出；
- ▹ 注意你的念头；
- ▹ 注意你的感受。

注意那个正在聆听、正在呼吸、正在思考、正在感受的你，
并且注意那个正在注意的你，那个观察者自我。

第 12 章

关 注 过 程

最好的决策与最坏的决策

请回忆过去 12 个月中，你做过的最好的交易决策。然后思
考其中最坏的交易决策。

现在想想每个决策的结果。

▶ 你最好的决策的结果是盈利吗？

▶ 你最坏的决策的结果是亏损吗？

当我提出这个问题时，99% 的交易员对这两个问题的回
答都是肯定的。这揭示了我们倾向于用交易的结果来判断决策
的好坏。换句话说，我们存在结果偏见。

我们对结果的迷恋

交易的结果理所当然是重要的。很多交易员和交易机构对此十分执着。这是完全可以理解的。因为交易的结果事关薪酬、地位和事业。同时，交易的结果也是客观的、容易量化和比较的指标。

然而，这种对结果的执着，却无益于你做出最佳交易决策。决策相关的科学研究发现，决策时对结果过分执着，会有以下不利影响：[35]

▶ 绩效焦虑增加了；

▶ 认知能力降低了；

▶ 对亏损的厌恶增加了；

▶ 对确定性的倾向性增强了（对不确定性更加回避）；

▶ 数据的过度收集与分析。

对结果持续过度关注，也会导致创新性、学习能力、风险承受力的降低。这些都不是交易员乐见的，实际上，这三个品质对于交易员在变化多端的市场中持续生存下去十分重要。

该怎么办？

解决的办法就是培养出更强的对过程的关注。不仅要关注结果，更要关注我们是如何取得这一结果的，而且在执行交易时，对最终赚钱与否的关注要减轻，而对当下该做的步骤的关注要增强，即坚定地采取一切必要的行动，使得交易成功的概率最大化。

关注过程

交易是这样一种活动，你交易的结果取决于你的操作过程、交易的技能还有一点运气，是的，运气，若你不喜欢这种表达方式，我也可以称其为随机性。

上述这个认识对我们开展交易很有启发，它提示我们要关注交易过程的重要性（交易过程也就是你在交易中为使你的赢面最大化而采取的特定步骤），而不是过分执着在交易的最终盈亏上面。

过程 + 运气 = 结果

任何活动，如果涉及运气的成分，努力和结果之间的关联就被打破了。在像小提琴演奏这样的以纯技能为基础的领域中，如果你有效地练习，就能在短期内提高水平，长期也能够让水平不断提升。在这种领域，努力和结果具有很强的相关性。高质量的刻意练习促成了演奏水平的提高。但若运气牵涉其中，比如在交易中，那么你可能每件事情都做对了，但短期的结果就是不好，你完全可能以亏损告终。

反过来说，你也可能每件事情都做错了，自律性差，不遵循你的操作过程，但交易结果仍然是好的，你实现了盈利。

举个赌场中简单的例子，比如玩 21 点。你目前牌面是 17 点，这里胜算最大化的行动是不要继续叫牌，拿住 17 点就可以了。从长期看，这是最有效的策略，能够令你面对庄家亏损的概率最小。但是，设想你继续叫牌，结果拿到一张 4。好了，你现在拿到了 21 点，赢了。这就是坏的操作过程反而取得了好的交易结果，你短期赢了，但是若食髓知味，把它变成了长期的习惯，你就输定了。

在《赢在决策》（*Winning Decisions*）这本书中，可以找到下述表格（见表 12-1），它阐述了过程与结果的关系。[36] 也就是说，你遵照策略交易，可能盈利或亏损，你不按照策略交易，也可能盈利或亏损。但纯粹从统计学的角度说，遵照交易策略执行，盈利的概率会更大些（前提是你拥有一个具备胜算的交易策略）。保持好的心理状态，以及对过程更加关注，都会令你盈利的概率更大。

表 12-1 过程与结果

	盈利	亏损
好的过程	当之无愧的胜利	暂时的停顿
坏的过程	狗屎运	应有的裁决

资料来源：《赢在决策》，爱德华·鲁梭与保罗·舒麦克合著。

　　对于像交易这样的领域来说，关注过程是最终实现满意结果的核心因素。相比关注结果，关注过程具备以下优势：

▸ 降低操作的压力、焦虑，避免情绪驱动的冲动决策；

▸ 深思熟虑，减少认知盲点；

▸ 令你能专注在真正重要的事情上；

▸ 长期来看，增进你的决策优化能力。

从唯盈亏是问向唯过程是问转变

　　"当我看到忧心忡忡的人们，我就问我自己，他们究竟想要什么？若非一个人对于超出自己控制范围的事物产生了僭越之心，他还有什么可烦恼的呢？"

—— 爱比克泰德

　　我第一次遇见约翰，是有一年九月在由我主导的面向一家投行的外汇交易员的培训项目上。我们共同经历了几次培训课程，然后约翰遇到了真正对他交易有帮助的内容。当时他从事交易七年了，交易绩效一直很理想。但他却遇到了个很严峻的挑战，这同时也是很多机构交易员面临的共同问题，那就是在一个交易年度的年尾结算当年的盈亏，对他来说是在每年的 12 月 31 日这一天。到第二年开年就回到盈亏归零的状态，这个问题进入了我们讨论的焦点。

相比有浮盈在手，很多交易员都会在业绩归零的时候，对尽快实现盈利产生了更大的焦虑。对很多交易员来说，在银行账户里有点余额时产生亏损，不像在账户归零时亏掉相同数目那样难受。对约翰来说，这种压力表现为在第二年年初他就会切换到回避风险的防御型交易风格，并且伴随着焦虑和对亏损的恐惧。最近几年，他还多了眼皮跳动的毛病，有趣的是，这种症状只在交易年度开始时发作，等他做出足够的盈利，通常是第二季度某个时候，这种症状又自动消失了。

我们首先讨论的是意识问题，讨论每次他的关注点发生偏移，从关注交易本身和做出高质量交易决策，向关注盈亏和规避亏损转移，这种关注点的偏移对他的决策会产生怎样的影响。

我们探索了不同情景下的各种关注点：他的想法、情绪感受和身体感觉，他采取的行动，以及这个行动的短期和长期影响。

以前，约翰从每年的 1 月 1 日开始，就非常关注盈亏的变动。因此，在合作了几个月后，我们计划在 10 月到 12 月底这段时间努力培养出更多的对过程的关注。我们不是要忽视盈亏，但也不想过分被它困扰。我们想真正探究的是他是如何盈利和亏损的，而不仅仅是他盈利和亏损的具体金额。

最终，我们要确保自己关注的是做出高质量的交易决策。

在几周时间内，他通过写日志来反思自己做出交易决策的过程，以及影响他做出这些决策的因素，他实现了关注点的转变，由过分关注结果，转变为对决策过程和相关影响因素有好奇心。

在当年的 12 月初，这个全新的思维方式就受到了市场回撤带来的严峻考验。当时糟糕的市场流动性，令他在当年结束时出现了大亏损，严重影响了他的交易业绩和当年的奖金。但值得注意的是，尽管他认为这是一次相当大的亏损（以数百万计），但他感觉自己的应对相当好。他保持了头脑的冷静，专注于做出高质量的交易决策，没有被亏损带来的负面情绪影响，更没有因此做出冲动的决定。

若不是因为他的努力，亏损本来会更多。

当然，他也因为这个糟糕的业绩，因为它出现在年底的时机，而感到沮丧。大多数交易员都会如此。但他已经体验了关注决策本身而非最终的盈亏所带来的影响，给他的行为带来的情绪上和财务上的正面效果。这是一次相当好的学习经历。

我们的辅导结束于当年的 12 月。自然，我对于他在接下来 1 月的表现很感兴趣。于是我们约好在新年过后几周再见面。你猜怎样？约翰能够把关注重点聚焦在做出高质量的决策上。虽然在开年的时候还是会有一些焦虑的情绪（在我看来这完全正常）。但相比前几年，焦虑的程度已经没那么严重了，而且没有眼皮直跳的毛病。就业绩来看，他开年的表现也相当不错。

从对结果的过分执着，转向对做出高质量决策过程的关注，他体验到了相当惊人的变化。

培养更多的过程关注

要想培养更多的过程关注，你可以考虑以下办法。请注意，我在这里强调的是更多，而不是彻底的过程关注。我并不主张你完全无视盈亏业绩。我想强调的是在两者之间维持更好的平衡。

（1）作为刀枪不入的交易员，你要下决心向更关注过程转变，把它作为你思维方式的一部分。你要看到、认识到关注交易过程的重要性，让它成为你入市交易的一条原则。

（2）你要有意识地把自己训练成更好的交易决策者，尤其注意提升你交易决策过程的质量。你越擅长做出高质量的交易决策，你就越有机会充分实现你的交易潜能。

（3）要对你交易的过程、市场本身的运行以及交易的结果之间的关系产生兴趣。当你评价自己的交易决策时，不要只考虑结果如何，要更多地考虑你是如何做出这个决定的，你采取了什么行动，你当时的想法和感受是怎样的，当时的背景环境是什么。

（4）要意识到自己是否过多地关注了交易的盈亏，深呼吸一次，然后问自己，当下什么才是重要的、值得自己关注的事情？

（5）对有些交易员来说，清单是交易过程的实体的锚定物。它会提醒交易员在特定的阶段采取什么行动，思考什么问题。清单会让我们把关注重点放在具体的任务事项上。

第 13 章

控制可控因素

不可控性、压力和市场

在一项研究中，两组动物被施加电刺激，研究员监测着它们的反应。其中一组动物能够接触到杠杆开关，它能将两组动物的电刺激都关停，因此这一组动物具备了掌控感。而另一组没有这种控制感。接下来，两组动物都被施加了完全一样的电刺激。然而，没有得到杠杆开关的那组动物，表现出了更大的压力反应。

这一研究（说实话有点残忍）揭示了压力和掌控感之间的关系。当我们具备掌控感时，感受到的压力就更小些。但当掌控感不太强，就倾向于产生更强的压力反应。

掌控感，即便是幻想中的掌控感，也可以减轻压力反应。不可控性是让人有压力的，它和不确定性、新奇感一起，是三种能够引起显著的生理应激反应的因素。

市场环境令交易员每天都暴露在这三种压力源中。约翰·科茨（John Coates）在对交易员的研究中，每日监控他们的盈亏，并把盈亏波动的稳定性作为控制感强弱的衡量因素。[37] 他采集了交易员的唾液样本，以评估他们的荷尔蒙水平，特别是睾酮和应激激素皮质醇的水平。科茨发现，随着交易员的盈亏不稳定性增强（就是不可控性增强），皮质醇的水平也会上升。

> "在市场回撤期间，想要减仓却不能，是很有压力的事情。在信贷市场中，这个问题会因为流动性（充足的市场流动性能令你快速买入和卖出资产）的突然消失而变得尤为尖锐。"
>
> ——一位基金经理

控制的两面性

控制可以控制的，这句话已经成为体育界和绩效心理学界的口头禅，甚至是陈词滥调。但它的确是可靠的建议，对于身为交易员的你来说，无论是当下这一刻还是未来长期发展，都有助于你发挥出最佳水准。

如我们所见，关注可控的因素能够减轻压力反应。这会进一步释放出心理和身体上的资源（应对能力），从而使你可以将这些资源用在更需要的地方：用在交易过程的准确执行上。

控制可控的因素不是新鲜的提法。实际上，它是斯多葛派哲学的重要原则。斯多葛派练习的核心目标，就是锻炼出分辨可控的和不可控的、可以改变的和不可改变的能力。

"人生的主要任务其实很简单，就是要不断识别和分辨事物，然后我就能告诉自己，哪些外部因素是超出我控制范围的，哪些是关乎我的选择的（选择是我实际可控的）。我该向何处寻求善与恶？显然不是不可控的外部因素，而是在我内心的选择里寻找。"

——爱比克泰德

同一原则更加广为人知的版本是宁静祷文（serenity prayer），在戒瘾项目中相当流行：

"请赐予我平静去接受无法改变的，赐我勇气去改变可以改变的，赐我智慧去辨别这两者。"

这些概念完全是一致的，那就是识别并且关注真正在你掌控之中的因素。

苏珊娜·科巴萨（Suzanne Kobasa）博士在培养抗压力能力方面的研究表明，控制是抗压力的三个关键因素之一，另外两个是践行和挑战。[38] 控制有两种类型：内部控制和外部控制。

▶ 具备内部控制点的人，很清楚他们无法控制生活和交易里所有的外部事件，但他们确实感觉到自己可以选择对这些外部事件的应对方式；

▶ 而将控制点放在外部的人，则相信他们对于降临在他们人生中的事情基本上没什么控制力，这是一种更加宿命论的观点。

内部的控制点能够起到减轻压力反应的作用。这方面有个极端的案例，就是维克多·弗兰克尔博士（Dr Viktor Frankl），这是一位曾被囚禁在奥斯威辛集中营的精神科医生。在他的作品《活出生命的意义》中 [39]，他谈到人类所具备的最后的自由，就是无论生活将多么苦涩的经历强加到个人头上，我们都有可以选择如何应对外部环境的自由。正如爱比克泰德所说："指挥台和监狱，只是两个地方，一个高些一个低些，但不管在哪里，只要你愿意，你都可以具备选择的自由。"（《哲学谈话录》，2.6.25）

快艇驾驶员却在油轮上当水手

马修是个经验丰富的交易员，目前新任一家大型投资公司的基金经理。在公司里，他的岗位相当特殊，因为他一直偏好用技术分析做短线交易，现在的岗位却要求他从基本面出发仅仅参与长线做多的机会。

他本质上是个快艇驾驶员，却要被迫在油轮上干活。

为了帮助他适应新角色，我们进行了几个月的辅导。辅导的目标是最大可能地提升他交易成功的概率，并帮助他发挥出最佳交易表现。他的交易表现无可挑剔，他的水平在与我合作过的客户中大概占据前 20% 的位置，属于百尺竿头更进一步的那种人。

但在我们开始合作后不久，有个明显的问题出现了。

马修是雄心勃勃、追求最佳业绩的交易员，他只有干得漂亮才能让自己满意。在某种程度上，他也想通过给公司创造价值来证明自己的能力，这样才能让他的伯乐觉得自己冒险聘用他是完全值得的。

但公司在给他的交易做准备工作时，进展缓慢。重要的设备和技术迟迟没有到位，有一些关键的市场他还不能交易，风控措施也没有到位，交易项目的进度已经全面地落后了，处处受官僚主义的牵制。因此他越来越沮丧，压力也很大。

在一次辅导中，我们谈到了所有他认为阻碍了他进度的事情。我能够明显感觉到他越来越恼怒。接着我们列举了所有他觉得要发挥最佳交易水准还需要改进的现状——既有内部的因素，也有外部的因素。然后我们评估了哪些已经到位，哪些还没有准备好。

接着，我给他一个任务，给所有的项目评估 C、I、A：

▸ C（control）是控制，代表我可以控制它；

▸ I（influence）是影响，代表我能够影响它；

▸ A（accept）是接受，代表我必须要暂时接受无法改变的现状。

我们用这个模板，来决定他该如何分配自己的时间和精力。多年后的今天，我们仍对这一话题津津乐道，因为自那以后，这个模板显著地降低了他的焦虑水平，提升了他的表现。

CIA（控制、影响、接受）框架

CIA 框架（见图 13-1），是我常常介绍给客户使用的工具，这能够帮他们辨别可控因素和不可控因素。

分辨交易中的可控因素和不可控因素很重要。如上文所述，即使是虚幻的可控感，也会减轻应激反应，从而实现更好的认知功能，提升决策能力。

分辨可控与不可控因素，也能使你将精力投入对你交易影响最大、产生最高回报的领域中。

你的注意力去哪里，精力便去哪里，还有时间和专业技能。这三种重要资源，以及你将它们聚集在哪里，将会影响你的交易表现。

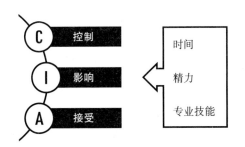

图 13-1　CIA 框架与你的资源

练习思考你交易中的 CIA 分别是什么（见表 13-1），会对你很有帮助。这些年来我辅导的很多交易员都认为，在 CIA 框架上花时间绝对值得。当然，你得在改进交易过程的大背景下思考。

表 13-1　我的交易 CIA

控制	
影响	
接受	

可控性带来的是责任和做出反应的能力

可控性也带来了责任。若你将控制点放在外部，并认为你对于发生在自己身上的事情无能为力，你便会轻易地摆脱掉做决策的责任感。

这就像在巨浪中的船，你什么也不做，不调整帆，不掌舵，不采取任何可能有帮助的行动，只是被动地等待风暴过去。就算最后走错了港口，你也完全不觉得是自己的问题，只会归咎于天气。

一旦你在工作时开始意识到控制的两面性，并且采用一种更加向内的控制，尽你所能采取最有帮助的行动，那么你就是在展现更高水平的担当。你完全掌控了自己的行为、交易决策和结果。

这不是坏事。总有一些你可以采取的行动，可以改善你的交易状况，无论事态看起来多么糟糕。但是，除非你对自己的表现负责，否则很难将它们付诸实施。

知道哪些可控，哪些不可控，可以让你提高自己的"反应能力"。正如我们在本书前面所说，市场的不确定性意味着总是存在一些超出你控制范围的事件。你无法控制它们，但是你可以控制你的应对方式，这就是你的反应能力。

在充满挑战和困难的交易环境中，当你关注可控因素，接纳不可控因素时，好事就开始发生了。

第六部分

BULLETPROOF TRADER

不 适 感

第 14 章

享受不适感的存在

交易中的不适感

每个从事市场交易的人，都能体验到不适感。这种不适感有很多种形式，许多事件和场景都会引发不适感，它们包括：

- ▶ 交易亏损；
- ▶ 持仓有浮盈；
- ▶ 市场波动性增大；
- ▶ 连续的交易亏损；
- ▶ 持仓被套牢；
- ▶ 踏空交易机会；

- ▸ 没有行情的市场；

- ▸ 交易犯错；

- ▸ 没有抓住好的交易机会；

- ▸ 分析出错；

- ▸ 市场环境发生变化；

- ▸ 业绩不如同行；

- ▸ 投资者的赎回；

- ▸ 不确定性；

- ▸ 发生新奇和超出预料的事件。

我在前面提过，这些都是只要参与交易就必然出现的现象，交易员无法摆脱。因此你有两个选择：要么你就尽可能回避这些事件和场景，从而回避它们带来的不适感，并接受你这种消极回避给你的交易业绩造成的影响；要么你就培养出容忍不适感的能力，从而最大化地提升你的交易回报。

厌恶与回避不适感的代价

保罗在伦敦一家大型对冲基金担任交易员。他有个非常强的交易优势，就是能够在趋势产生的早期就识别它并开仓，而大多数交易员对趋势的反转还浑然不知。但这种交易风格，需要他忍受逆势交易的不适感，或者在最终朝着他预期的方向发展之前，市场走势会一直与他的预期背离。

为了使长期交易回报最大化，他必须主动承担短期交易造成的不适感。

我们面对交易中的不适感，永远只有两种选择，要么回避，要么学会在不适感中继续工作。厌恶损失、厌恶遗憾、害怕犯错、厌恶模棱两可、害怕错过和厌倦交易，都是交易员主动回避不适感所造成的结果。

"人类天性喜欢做出舒服的选择，但这样的选择一定比随机选择还要坏。"

——威廉·埃克哈特

当交易员在执行交易策略并试图收获长期回报时，要解决的一个核心的心理挑战，就是如何管理自己的短期不适感。

交易员常常面临这样的选择（见图 14-1），是做感觉让自己很好、很舒服的事情（回避痛苦，感受快乐），还是做不舒服但真正重要的事情。很多交易员会牺牲长期的回报，来交换短期的舒适（如表 14-1 所示）。

图 14-1 回避短期的不适感会以牺牲长期回报为代价

表 14-1 回避不适感的代价举例

行为	短期的舒适	长期的代价
在经历一次亏损后，不敢再开仓交易	避免了又一次的亏损，减少了焦虑感	错失很多很好的交易机会和利润，感觉沮丧
在到达目标位之前提前止盈离场，避免浮盈蒸发	不用再为本次交易的浮盈减少而担忧，也不用担心市场回撤后我会怎么想	价格继续向我之前持仓的方向运行，而我错失了相当可观的浮盈，感觉很愤怒

▶ 在你的交易中，有什么想法、情绪、感觉是你想要回避的（或是你想要摆脱的）？

▶ 你为了回避（或摆脱）这些不适感，都做了什么？

▶ 你为了回避这种不适感，付出了怎样的代价？

不适感的积极面

杀不死你的，只会让你更强大，这句话无论是在生理上还是心理上，都是成立的。就算没有变得更强大，至少你有了变强的潜质。

本书有两个核心目标：

（1）帮你获得更强的压力复原力，培养出你的抗压能力和生理韧性。

（2）帮你培养出应对压力、困难和挫折的必要的心理技能。

这两种能力，都不可能通过回避压力、挑战、不适感和困难来实现。恰恰相反，这些生理上的适应性和心理技能，都是通过直面压力和困难来铸造的。

直面压力，你的身体就能更好地适应压力。对一组外汇交易员的研究，证实了这种生理学效应的存在，称为"暴露效应"。在实验中，科学家同步测量了交易员的压力反应与市场的波动性变化。[40] 其中经验更丰富的交易员，在市场波动性增强的环境中，表现出了更低的压力水平。经过多年的交易洗礼，接触了多年的市场波动性，经验丰富的交易员已经适应了这些事件带来的压力，结果就是他们表现出了更低的压力水平。

同样地，你可以通过主动暴露在压力环境中，来培养应付压力、困难和具有挑战性的交易情况所需的心理技能。通过阅读，我们能够学习如何应对这种情况，学习技术和策略，并制定行动计划（正如本书给交易员的参考）。但除非你在重要的领域将所学付诸实践，否则你的知识不会产生任何帮助。

为了从不适感中获益，并最大化你的市场回报，你需要让自己充分暴露在不舒服的环境中来适应不适感，这意味着你要主动去接受不舒服的想法、感受和感觉。

主动性：暴露在不适感中的行动

若你不想因为厌恶亏损、厌恶后悔、害怕犯错、交易无聊、厌恶模棱两可、害怕踏空或其他交易员可能具备的消极回避行为而影响你的交易收益，那么还有什么选择呢？

答案就是，除了回避以外，我们还可以选择主动和接纳。这不是要你被动、顺从，更不是要你忍受。而是要保持开放，愿意接纳因亏损、交易犯错、错失机会、分析失误以及其他很多交易因素导致的内在体验的不适感。当然你不必喜欢上这种体验。你也不必刻意去渴望、赞同它们以实现对它们的接纳。在此，我想说的是放下执着，不要刻意去回避这些负面体验的降临。

要我说，发展出乐于接纳不适感（糟糕的情绪、想法和感觉）的开放心态，是一个交易员为了应对压力、挑战和困难，所能做出的最重要的转变。此外，还要结合践行，这个是交易自律的基本因素，也是挨过交易挫折期的有力保证。

　　有一点我必须强调，那就是交易员培养对不适感的开放与接纳，是为了让他能够采取有效的交易行动。接纳不适感，是为了让交易员能够从不适感中解脱出来，从而采取特定的步骤，引导形势不断向有利的方向转变。

　　主动，意味着需要你向不适感敞开心门，允许不舒服的想法、情绪和感觉的存在，甚至从它们的存在中受益。你要完完整整地体验到它们的存在，并接受它们存在的事实。在你注入越来越多的主动性后，你便能从回避亏损转向接纳亏损，从厌恶不确定性转向接纳不确定性，从拒绝后悔转向允许自己后悔。所有这些转变，都会给你的交易行为、决策和回报带来根本性的差异。

　　你愿意接纳甚至主动寻求充满挑战和困难的体验，有一项最重要的好处，就是给你提供了暴露在不适感中的机会。这会从生理上和心理上提升你的抗压能力、韧性和复原力。

　　主动性，就是暴露在不适感中的行动。

> ▶ 你要采取哪些具体的行为和行动，才能发挥出你的最佳潜能，并使交易回报最大化？
> ▶ 在你采取行动追求交易目标时，你是否愿意接纳这个过程中出现的内在的负面体验？

发展主动性，习惯不适感

在主动性和接纳中，又有好几个层次：

▶ 第一层：不论有多么艰难、多少挑战和挫折，都能够
接受交易上的任何现实，而不是自欺欺人地幻想事情
没有发生。能够直截了当地采取任何需要采取的有效
行动。

> "不要指望每件事情都能如你所愿，而要希望万
> 事万物都按自己应有的轨道运行，这样你的人生便能
> 诸事顺利。"
>
> ——爱比克泰德

▶ 第二层：能够接纳你交易中可控的和不可控的。你想
要控制或摆脱负面的内在体验的企图，很可能让它们
变本加厉，最终严重影响你的交易决策和绩效结果。

> "人生最重要的任务，非常简单：分辨和识别超
> 出我控制范围的外部因素，与我自己可以掌控的事
> 情。我该在哪里用力呢？当然不是不可控的外部事
> 物，而是我自己可以掌控的内在因素。"
>
> ——爱比克泰德

▶ 第三层：主动接纳不适感，以及出现的糟糕的想法、情绪和感觉。学会与它们共存，学会利用它们的存在，同时根据当下的场景，聚精会神地采取坚决有效的行动。

> "客观的判断，就在此时此刻。无私的行动，就在此时此刻。主动地接纳一切事实，就在此时此刻。除此之外，别无他求。"
>
> ——玛克斯·奥勒留

有个我辅导过的交易员，跟我描述他在我辅导中经历过的"脱胎换骨"的时刻。当时我们正在讨论交易中的不舒服的想法、情绪和感觉。他说，当时是我跟他说的这番话，真正引发了他的改变。我告诉他，他所经历的一切负面体验，在我接触的其他交易员身上也有完全一样的表现。所以他的经历绝不是独有的，不适感就是交易体验的一部分。此外，这些不适感是完全正常的，是人类天性的一部分。

当你将不适感视作正常现象，这个观念本身就足以改变你和不适感的关系。你的回避感、厌恶感开始减少，结果你的韧性得到了增强。你开始能够做出更高质量的决策。

实践主动性，习惯不适感

卡托，是一位知名的斯多葛派哲学家，他经济富裕，完全有财力购置华美的衣服。但人们常常看到他赤脚在罗马到处走。许多斯多葛派哲学家，尽管有钱有权，但都崇尚简单质朴的生活方式。

这种刻意选择的行为，就是有意识地让自己经历挫折的考验。

有意识地接受挫折的考验，能够锻炼我们的心智，提升韧性。我们开始习惯不适感。斯多葛派的门徒会训练自己，应对各种各样艰苦的条件。他们认识到，不适感就是人生的一部分，而要想擅长任何事情，唯一的办法就是不断实践它。

斯多葛派接受挫折教育的另一种办法，是负面事件的具象化（negative visualisation），也就是充分调动想象力，想象他们处于各种困难的情景中。若任何想象中的负面事件真的发生了，他们也能够用更平静的心态来面对它们。这一思路很像现代心理学的方法，比如一种叫"压力接种技术"的方法，这种方法也是让人们花时间将挫折的情景具象化，从而锻炼他们的应对技巧，思考应对的方式。这也是我经常在交易员中使用的精神训练策略，以帮助他们练习和适应不适感。

以下是一个简单的练习，可以帮助你在交易中开放心态，更加主动地接纳其中出现的不适感。

回想一下你在交易中经历的有压力、困难以及有挑战性的情况，对你来说具有不适感的事情。

▸ 注意哪些想法、情绪和身体感觉出现了；

▸ 注意是否出现了任何想要摆脱它们的冲动、强烈的欲望或尝试；

▸ 相反，试试看你是否能敞开心扉——接受它们当下的样子。与不适感共处，说服自己没有必要做任何改变。

你可以增加在那种情况下你希望采取的行动，来进一步扩展你的练习——一些与你的交易目标、价值和过程相一致的行动。

▸ 请思考你想要在这种情况或事件中，展示出来的具体的一种力量或品质；

▸ 在你的脑海中，想象你在这种情况下，你想要采取的具体的有效行动。按照你的设想一步步交易，沉着冷静地操作。

第 15 章

从负面想法中解脱出来

想你所想

有哪些负面的想法、担忧、自我批评、回忆或其他无济于事的念头，令你深陷其中，从而干预了你的交易决策和结果？

交易员要花很多时间，思考交易、头寸以及其他交易员的表现。当然，还要思考市场。所有这些思考，既发生在交易时间内，也发生在交易时间外。

有时这些思考是有好处的。它们驱使交易员采取有效行动，丰富交易的经历。有时这些想法则作用不大。交易员们过分地受到这些想法的困扰。他们执着于其中，结果就是他们强迫性地采取了降低交易业绩的行为。

由于交易涉及的困难与挑战，其中出现负面的想法是很正常的现象。我们前面已经提到，这是正常的人类反应。这就是我们思维的运转方式。

你应对这些想法的方式，对于你的决策以及最终取得的绩效，都有重要影响。

"偶尔，这份工作也会给我带来突发性的焦虑。其中最有破坏力的是，我对于自己的能力和经历的不合理的负面认识。比如，虽然我从业以来一共实现了约 5 亿美元的盈利（其中去年实现了 1 亿美元），但今年亏掉的 2000 万美元已让我怀疑自己是否不再胜任这份工作了。在某种程度上我知道这个想法是非理性的……但我几乎没有一天不在思考这个问题。"

——一位基金经理

上面引用的话，来自我接触过的一位很成功的基金经理。这也体现了想法会对我们产生多大的影响。

我听说过很多成功的交易员和基金经理，尽管已经有足够的业绩证明自己的实力，但仍常常怀疑自己是否足够优秀。

但人的想法是变化无常的。它很容易受到最近发生的以及具备威胁性的事件的影响。最近发生的亏损，会压倒长期的盈利表现，因为压力反应迫使我们聚焦注意力在短期事件上，于是对我们自身能力的非理性的怀疑就出现了。我们可以努力通过理智的分析，来摆脱它们。

别去想那只白熊

用五分钟时间调整自己，安静地坐下。你要努力别去想那只白熊。

每当你发现自己在想那只白熊，就记录一下。

那么，你究竟想了几次那只白熊?

上述练习来自丹尼尔·魏格纳在 1987 年主导的一项研究，研究的主题是思维抑制（thought suppression），即你努力不去思考某件事的时候会发生什么。[41] 在魏格纳的研究中，被试者被要求使用思维抑制的技术，避免自己去想一只白熊，若在五分钟时间里，他们真的想到了这只白熊，就要敲响一次铃铛。

研究发现，当人们使用抑制的策略，刻意不让自己去思考白色的熊，反而提升了想到这只白熊的频率，这一现象被称为"反讽心理过程"。有意思的是，在实验结束后的短时间里，这一现象甚至更加显著了。

就交易员而言，使用抑制和控制的策略，大概不是我们控制自己思维的最有效的方式，尤其是当我们暴露在多种压力源和困难的情景中时。抑制，也需要新陈代谢的供应，消耗大量能量，与大脑争夺物质与能量资源，并会与你手头的任务争夺注意力。

放下徒劳的挣扎

"我现在不能止损。"

"价格会回来的。"

"你负担不起这次止损的代价。"

"这次交易，你输不起了。"

以上是拉凯什（Rakesh），我的一位交易员客户经常在面临止损时出现的典型的想法，尤其是当他正在经历一连串的亏损时。

拉凯什管理自己思维的策略就是，努力去忽略这些想法，不去想它们，或者用别的更加积极的想法来替代它们。这也是大多数人常用的管理思维的办法，你也能从自己的思维过程中看到这些策略的身影。

这么做的结果，就是他发现自己一直在与自己的思维做斗争，用他的话说就是一场战役，令人疲惫。

很多与我合作过的交易员，都有过在交易中与思维做斗争的经历。每当充满压力和困难的时刻来临，这种思维就很可能出现。其实这很正常，在某种程度上是大脑在发挥正常的功能。是否发生其实不重要，重要的是你选择如何应对。

应对这种负面的想法，需要交易员发展出四项核心的心理技能：

（1）觉察——认识到你的想法仅仅是一种想法。

（2）实用性判断——这种想法在当下的情景中是否有用？

（3）脱钩——学会如何与这个负面又没有好处的想法脱钩。

（4）行动——采取坚决的行动，执行你的交易策略。

1. 觉察

要想有效地控制你的思维，首先要觉察到自己当下的想法。这就是为什么集中注意力练习当下的觉察是如此重要。

以下是一个简单的练习，可以锻炼你觉察自己想法的能力。我们要做的，就是建立起你的元认知。

闭上双眼，觉察当下的思维内容。观察出现在你脑海中的任何想法和图像，也不要刻意去寻求它们的出现。若没有想法或图像出现，也很正常，继续保持观察。

▶ 也许你会愿意给想法打上标签：比如"计划""担忧""评价"；

▶ 注意一部分的你正在思考，而另一部分的你正在观察
自己的思考内容。

这一练习至少有两点好处。首先，这是将觉察赋予思维
内容的很好的开始。其次，这是能够让你区分自己和自己的想
法的重要步骤。

想法，不过是精神上的事件，它们既不代表你自己，也
并不总是反映客观事实。

我们大概无法选择进入自己脑海的想法，但是我们至
少可以选择给予它们多大的关注，这决定我们与这些想法的
关系。

将想法单纯地视作想法，视作精神事件，能够令你以全
新的方式体验自己的想法。你可以和这些想法建立完全不同的
关系。如此，你便能有效管理这些想法，减少它们对你交易行
动、交易过程的影响，避免采取降低交易胜算的行动。

2. 实用性

当我们观察自己的想法时，我们常常会去评价这个想法
是正面的还是负面的。然而，这个想法的意义，不能脱离交易
员所处的具体的环境。因此，我们从实用性的角度去观察这些
想法，会更有帮助。

这个想法是否可以帮助我采取有效的交易行动，是否与

我的交易策略、价值观以及交易目标一致？

如果上述问题的答案是肯定的，那么这个想法就是实用的，我们不需要干预。但如果这个想法正在阻止我们采取有效的行动，那么它就不具有适用性，可能需要我们出手干预。

在任意的环境中，一个想法可能是有帮助的、实用的，也可能完全相反。当我们不再采取积极或消极的视角看待想法时，就能更强有力地掌控思维，令它发挥作用。这也能够提升我们的思维灵活性，这是更加敏捷地管理思维方式的办法。

3. 脱钩

"在这种市场行情下根本不可能盈利。"

设想你和我的一位客户一样，持有同样观点。你不但是这么想的，而且发自内心地相信这一点，以至于看不到任何解决的办法。

这种想法就是执迷不悟（fused），纠缠在负面的思维中无法自拔了。这会对你的交易产生什么影响呢？或许你已经注意到了某种程度的压力和焦虑，感受到了无法盈利的宿命感，甚至感觉不应该再浪费力气去交易，以及常常出现莫名的冲动，让你忍不住采取对盈利有害的行动。

要知道，"在这种市场行情下根本不可能盈利"的想法，仅仅是一种想法。这个想法本身不是问题，但执着在这个想法上，执迷不悟，就有问题了。

当我们把想法看作固定的、不可改变的既定事实时，就发生了认知上的锚定。我们将它们看作要遵循的规则，或者必须回避的威胁，或者正在发生却无力改变的事实，总之是最重要的事情。

认知脱钩，就是认为想法可能成立也可能不成立，但它们绝不是必须遵照不误的铁律。它们可能重要，也可能不重要，它们应当来去自如。

我们是沉迷在想法中无法自拔，还是能与之保持自如的距离，对于我们的交易表现有重要影响。

以下练习可以让你体验与想法保持适度距离的感觉，经历与想法脱钩的过程。

- ▸ 回想交易中遇到的最有挑战性的场景，想象负面的想法开始出现；
- ▸ 在 A4 纸上，用尽可能大的字体将它们写下来；
- ▸ 把这张纸放在你的面前，正对着你，注意这张纸对你来说意味着什么；
- ▸ 现在将这张纸放到一臂距离远，注意此时这张纸对你来说意味着什么；
- ▸ 现在把这张纸放在膝盖上，注意此时这张纸又意味着什么。

请你比较以上三种体验，有什么异同。

我辅导过的交易员，做了上述练习，最常见的反应是这样的：当这张纸（上面写着你的负面想法）离你很近时，你基本上很难注意到其他事物，上面的负面想法就主导了你的心智。当放在一臂距离之外时，就感觉压迫感少了很多，但你要付出努力让它维持在一臂距离以外。当这张纸放在膝盖上时，你能觉察到它的存在，但它不再会主导你的体验。你也不必付出将它维持在一臂距离以外所需要的努力。

最简单、最基本的与负面想法脱钩的策略，就是把你的想法仅仅当作想法，它不是事实、命令、真相或者必须被遵守的规则。通过做出这种转变，你马上就能从负面想法中解脱出来。

当你开始觉察到你的想法可能不会对交易有帮助时，你可以采用以下简单的脱钩策略：

给你的想法加上前置修饰语，比如"我正在思考……"或者"我注意到我正在思考……"或者"我注意到我的思维正在思考……"

▶ "我正在思考，像这样的市场是不可能交易的"；

▶ "我注意到我正在思考，像这样的市场是不可能交易的"；

▶ "我注意到我的思维正在思考，像这样的市场是不可能
　交易的"。

请缓慢地、谨慎地说出你的想法。
将你的想法写下来。

你可以尝试制作一本交易日志，在其中记录你的交易，
以及你对交易的想法，这能够使你很自然地与你的想法脱钩。
动手将想法写在纸上，能够令你将其识别为一种想法，在一定
距离以外审视它。

在培训中，我经常让客户将想法记在白板上，然后让他
们观察自己的想法，然后后退几步再看。这些想法的内容没
变，但是交易员对这些想法的感觉，以及与这些想法的关系，
都在发生改变。

4. 行动

最后，提醒你自己，管理想法的目的，是为了将注意力
放在采取必要的行动上，尽可能稳定、有效地执行交易的策
略，从而使得交易成功的概率最大化。

行动，永远决定了交易能够达到的高度。

在坐着的时候，重复对自己说"坐下，坐下……"，然后站
起来。在站着的时候，重复对自己说："起立，起立……"，

然后坐下。

这一简单练习的作用是，证明想法完全可以跟实际行为相背离，特别是当这一想法与你保持脱钩时。

你完全可以一边想着"我很担心这笔交易亏损，我要离场了"，一边却按照交易系统的指引拿住了仓位。前提是你能够觉察到"我注意到我的思维正在想，我很担心这笔交易亏损，我要离场了"。这个念头只是一个想法，要与之脱钩，并且坚定执行你既定的交易策略。

第 16 章

有压力有情绪，也要正常发挥

交易，像生活一样情绪多变

"愤怒和沮丧，是我在交易中经历的两种最有破坏性的情绪。很少有事情能像糟糕的交易表现，或者未发挥应有水准那样令我不爽。这种事情总是会让我很沮丧，进而导致冲动交易，或做出错误的交易决策。"

——一位职业交易员

生活充满了情绪，交易也是如此。在市场中交易会让人体验到人类所能体验到的高潮和低谷，并且它们通常很极端。从狂喜、兴奋、喜悦到恐惧、焦虑、愤怒、沮丧、悲伤和绝望。

回想下你自己的交易，你体验到了哪些情绪？

一位与焦虑共处的交易员

大卫是一家业内领先的投行的交易员。在我们相识的前一年，他来到英国，在一个新兴市场交易部门主持工作。在这之前，他已经有过 15 年成功的外汇交易经历。他在自己交易的市场中，积累了相当深厚的专业技能，他的分析一向为同行所重视。他选择去伦敦工作，既有职业发展的考虑，也有个人的考虑。

大卫找到我寻求辅导，是因为他认为自己的交易业绩没有达到自己的预期。他有强烈的决心，要尽可能成为最顶尖的交易员。同时，他也很在乎他的团队以及领导怎么看待他。

对大卫而言，他的新职位有两大核心挑战：

（1）第一次，他要尝试管理一整支交易团队；

（2）他自己要做出良好的市场业绩，包括要交易好之前从没做过的新兴市场货币。

这种兼任管理岗与交易员的职位本身就很有挑战性，他要努力把团队最好的一面和自己最好的一面都激发出来。在此基础上，大卫还想证明给自己和别人看，证明雇用自己是很好的选择。

在我们刚开始交易辅导时，我们关注的点是他的交易决策过程。我问他是否保留了交易日志，这样我们就可以一起在未来的辅导中研究他的决策过程。

他说，他的确有一本交易日志，但里面只记载了核心的市场数据、头寸大小、他的止损和止盈位置，以及他为什么会参与一次交易的几条想法。这就是全部的信息了。

我问他是否愿意给最后一部分的内容稍微加一点深度：将他为什么要入市交易、持仓中思维的任何转变，以及为什么要离场包含进去。此外，还要记录他在产生这些想法时，觉察到的感受和体验。

直到我们熟络起来，他才愿意听取我的建议。他同意一试。我说，哪怕写一个字都行。

四周后，我们又见面了。他拿出他的交易日志，告诉我，他一直在思考自己写下的关于感受的文字。他很惊讶地发现自己竟然写了很多次"焦虑"这个词。焦虑对他来说并不陌生，但它如此频繁地出现还是始料未及的。

他对此感到困惑。他得出的结论是，焦虑来自以下几方面：

▶ 担忧如何管理团队，担心缺少相关管理技能（胜任感）；

▶ 担忧自己的交易绩效（对结果的关注）；

▶ 担心交易全新的市场可能出现的问题（胜任感及体验）。

当他深入挖掘自己的交易时,他发现自己交易的方法主要是基于少数核心市场的交易办法。这些交易大多数是短线的,带有由大量经验和扎实的专业技能驱动的适度的直觉判断。这种方法显然不能直接迁移到新市场中。

这种对事物的直觉性感受,是与应用环境高度相关的,它不可能直接用在全新的领域中,必须通过大量的实践经历才能得以发展。

而且由于业绩的压力,他不得不在经验和竞争力都非常有限的市场领域,承担相对较大的风险。

在我们一起分析了他的情况后,他决定做出改变。他花了更多的时间了解要交易的新市场,研究出了更加系统性的交易新市场的办法,并且减少了持仓量。很快,他就发现自己感到焦虑的频率明显下降了。

为什么焦虑频率的降低很重要?想想吧,如果你在交易中体会到焦虑,你会怎么办?大多数人会把这种情绪视作负面情绪,感觉不舒服,想要摆脱它。或许是通过呼吸的技巧,或许是回避焦虑可能产生的任何交易场景。

在大卫的情况中,这就会导致他做很多的呼吸练习,或者干脆不交易了。但这两种办法都不会对他追求发挥最大的交易潜能,或实现长期交易目标有什么帮助。

因此,大卫实际上是这么做的:

▸ 注意到情绪的存在，并识别出具体是什么情绪；

▸ 问自己，这个情绪存在的原因可能有哪些；

▸ 根据自己的洞察，采取相应的行动。

结果，他就这样降低了焦虑的频率，改善了交易的表现。

与情绪共事

"我发现交易中最困难的，是处理不耐烦，以及在沮丧中行动。我花了很长的时间，才渐渐学会识别与控制情绪，并能够更好地理解消极情绪产生的早期迹象。从情绪的角度，评估我自己的状态，这一点听上去很简单，但足以称得上是我在交易中做出的最重要的发现。"

——一位对冲基金经理

刀枪不入的交易员，要解决自己的情绪问题，必须经历三个阶段。这三个阶段也是发展心理灵活性所需要的，并且是以研究情绪和决策的相关神经科学发现作为基础的，它们包括：

（1）觉察；

（2）接纳与主动性；

（3）行动。

觉察：注意和识别

与情绪共事的第一步，就是要能觉察它们，识别出它们的存在。记住，我们要做的不是消灭情绪，而是要更加清楚地觉察到它们。

首先很简单，我们要做的就是在交易日志中添加更多的信息，记录我们在交易过程中的感受。请记录以下内容：

▶ 交易日刚开始的感受；

▶ 你进行准备活动时的感受；

▶ 入市交易时的感受；

▶ 控制头寸量大小时的感受；

▶ 离场时的感受；

▶ 面对交易结果时的感受。

对我培训的交易员，尤其是正在经历艰难时期的交易员，我会给他们使用每日复盘（daily download）的技术。这是交易日结束时的日志，重点记录交易结束后的所思所想。这种方式能够为交易员提供常规性的与市场脱钩、处理和反思交易结果的机会。

"在每个交易日结束后花时间做每日复盘，真的给我带来了彻底的改变。在收盘后回顾我的想法和感受真的很有用。"

——一位基金经理

第二种方式是，即时检查，在交易中停下来问问自己："我现在有什么感受？"有可能的话可以将其写下来，但至少要识别这种感受。研究表明，若人们能够注意并识别出他们正在经历的情绪（被称为情绪标签），就能起到降低情绪强度的效果。这种通过识别来驯服情绪的方法，在管理负面的情绪上非常管用。

第三种培养情绪觉察力的方式是，使用正念和冥想练习，来帮助你培养出内在感受。你的大脑，是有能力解读身体的生理信号的。情绪，本质上就是我们给特定生理感受的组合做出的命名。善于识别情绪，就等于善于识别这些生理感受。在伦敦某对冲基金主导的一项研究中，交易员被测量了内在感受能力的高低，结果发现，内在感受力的高低水平，是与更好的交易业绩、更强的盈利能力和更久的职业生涯寿命高度相关的。[42]

接纳：将情绪视作信息

情绪是否让你感觉别扭？

以压力为基础的、与求生相关的情绪，会让人很不舒服。我们会对这样的情绪产生厌恶。这种厌恶，又会因为我们将这些情绪视作负面内容而得到加强。

但一切事物都应该在具体的背景下进行评价，我认为这一点很重要。你的所思所想所感，以及行为，都应该从实用性的角度去衡量，也就是在特定的场景中，这个情绪是否能发挥作用。比如在生死攸关时，恐惧就是有用的，它能够动员你全身的能量来求生。但当你在市场中面临止损时，恐惧就没什么用了。

接受与实现疗法（ACT）认为在我们的情绪和随之而来的行为中，情绪本身不是最大的问题，而我们企图压制情绪才是问题。压制情绪就好比在水下想抓握住排球，排球仍然在那里，但将它控制在水下要花很大的力气。而且你是将注意力放在不该放的地方，忽视了周围正在发生的事情。

若我们不该去压制情绪，那么又该怎么办呢？答案就是接纳，让它们来去自如。研究表明[43]，交易员的情绪管理策略和交易的行为以及最终绩效之间，有很强的相关性。更重要的是，试图压制情绪的人会倾向于做出更糟糕的决策。

若我们努力压制情绪，也就与其他通过感觉而来的宝贵的信息隔离开来。这就丧失了有关潜在的风险和回报的重要信息。而把情绪视作信息，有助于保持对情绪的开放性。"这一情绪正在向我传达什么信息？"

当你把情绪视作信息时，所有的情绪都是有用的。

"所谓风险，就是潜在的损失，以及损失大小的量度。我们的身体对风险的认知就是恐惧。一种管理各种风险，比如预期风险、初始风险、开仓风险以及无意识风险的办法，就是确保你将恐惧视作盟友，视作你情绪面板上的一块仪表。在当前医学氛围中，很多人尝试去调节恐惧，而不是去管理风险。一般来说，愿意去把恐惧和其他感受当作一种体验的人，相比于陷入恐惧的人而言，要更加擅长管理情绪。"[44]

——艾迪·塞柯塔

以下练习能帮你开发觉察情绪和接纳的能力。这个练习的主旨，就是拥有你的情绪，而不是让情绪拥有你。[45]

先以一种舒适放松的姿势安定下来。当你做好准备，就闭上眼睛。

觉察你的呼吸，觉察你呼吸时身体的感觉。

当你做好准备，觉察你当下发生的一切感受。当你觉察到它们的存在，请给它们加上标签，比如喜悦、悲伤、沮丧、兴奋等。

当你觉察到并分辨出一种感受，请尝试能否觉察到这个感受在你身体中的位置，是在你的胸腔、腹部，还是头部？它感觉如何？柔顺、沉重、温暖、坚硬，还是轻盈？

当你感受到情绪，请允许它存在下去。

当你做好准备，就可以结束这个练习，将觉察聚焦在呼吸上，然后将觉察带回到你所处的环境中。

行动

理解你的情绪，是斯多葛派哲学的重要思想。而大多数人所认为的麻木无情，显然是对斯多葛派哲学的误解。

假装你的情绪不存在，从来就不是斯多葛派的主张。他们的方式是尝试去理解情绪——承认情绪的存在，思考情绪，而且在条件允许时，引导情绪向对他们有利的方向发展。

斯多葛派相信，在感受到愤怒时冷静行事，在感受到焦虑时勇敢行事是能做到的。这一目标不是要去消灭情绪，而是要避免为情绪所支配，或是以被迫的方式将情绪表达出来。

在交易上，很多时候有负面情绪存在，这时必须要采取有效的行动。情绪或许会给这种行动带来紧迫感，但你不必依据这种紧迫感来行动。觉察到你情绪的存在，能够显著地降低用行动表达情绪的紧迫感。永远不要忘了，情绪本身不会造成盈亏，只有行动才能。

为了采取与你交易目标、价值观和策略一致的行动，你愿意接受怎样的情绪？

第七部分

BULLETPROOF TRADER

自 信

第 17 章

建立解决难题的自信

什么是自信

以下是自信的两种定义：

（1）感觉到确定性，有把握；

（2）以信任和依赖为基础的行动。

你会把哪一种当作自信？

第一种是最常见的。大多数交易员会认为自信就是一种尽在掌控的感觉，感觉镇定，确信自己的交易会有好的结果，能够盈利，毫无恐惧、焦虑、自我怀疑或其他的负面想法存在。

第二种定义是完全不同的，它更加关注行动本身。这一定义源自自信（confidence）的拉丁语起源，自信一词是由com（意为同在）和fidre（意为信任）构成的，意思就是与信任同在。

当你在市场中进行一次交易，在不确定和无法控制的环境中持有风险头寸时，你真的能够期待有什么绝对的确定性存在于交易决策中吗？

做交易，本质上是基于信念的行动。你持仓是因为你相信你的策略，并且相信你自己执行策略的能力。在交易时没有绝对把握，是完全正常的现象。绝对能够盈利的保证并不存在。

而刀枪不入的交易员所拥有的自信，源于对自己和自己的交易系统建立的信任：信任开仓、信任策略的执行，无条件地信任，哪怕是你的想法、情绪和感觉都让你产生了深深的怀疑。这份自信，关注的是建立信任，使你能够相信自己可以应对交易中的需要。这份自信，依靠的是精力和体力，来应对压力、挫折、亏损、挫败、犯错和其他的挑战。

自信，只能通过行动来建立。任何领域的自信的培养都只能来自大量的练习和经历。经历和技能一道，共同撑起了交易员的自信。研究、检验以及实践你的策略，也会建立起对它的信任和自信心。面对交易上的困难，选择努力克服，会提升你的应对能力。刀枪不入框架下的自信，不是要去期待最好的结果发生，而是要建立起相关的心理和生理上的准备，使你能够在恶劣的情况下渡过难关。

需求 VS. 资源

心理学家已经发现，决定你如何应对压力情景的最重要的因素，不是这个情景本身，而是你如何看待自己应对它的能力。你的大脑会自动评估解决这一困难需要动用的资源，然后评估你是否具备足够的资源来应对它。

这个问题有多难解决？

我是否拥有足够的技能、力量和资源来应对？有没有人可以帮到我？

如果大脑经过评估，认为你面对的困难超过了你能动用的资源，那么威胁反应就被激活了。反过来说，如果你的大脑认为你有足够的资源来应对这一难题，则被激活的是挑战反应（见图 17-1）。

```
需求 > 资源 = 威胁
需求 < 资源 = 挑战
```

图 17-1　需求与资源

研究表明，在很多高风险领域中，同样是在压力下作业，挑战反应能够取得相较于威胁反应更好的绩效。挑战反应较好的学生倾向于取得更高的测验分数，商务人士能够做出更好的决策，外科医生表现出更好的专注力和手术技能，运动员在比赛中能够发挥出更好的水平，飞行员在模拟带引擎故障飞行中有更出色的操作表现。[46] 总之，拥有足够的资源来应对挑战中的需要，是压力下正常发挥的关键。

我常把挑战与资源的这对关系，以及它对自信的影响看作赌桌上的一堆筹码（见图17-2）。我们面前的筹码越多，我们就越能在挑战中感觉到更多的自信。更多的筹码就意味着你能够承担更多更大的挑战。若你的筹码捉襟见肘，你能够应对挑战的资源就会更少，你就倾向于更加谨慎，更加厌恶风险。

图 17-2   更多的筹码，意味着有更大的自信来迎接挑战

交易员应该不断寻找办法，采用各种练习来建立足够的资源，增厚他们的筹码，从而更好地应对市场的挑战。这使得他们能够维持在挑战反应模式中，而不必去面对威胁反应模式。

我可以应对交易中的困难

"每当挑战出现，记得调用你所拥有的资源，来
解决它。"

——爱比克泰德

本书的一个重点目标，就是帮你建立内在的堡垒，使你
能够更有效地应对市场呈现给你的挑战。我希望你能够有把握
地对自己说："我可以应对交易中的困难。"

我得澄清一点，那就是单单这样口头说说，仅仅把它当
作激励性的自我肯定，是无济于事的，这也绝非我的本意。我
希望你这么说，是因为这是事实，也就是有证据支撑的。你必
须要拥有资源和足够丰富的市场经历来撑起这句话。

"我知道我最好的一些交易，是在亏损后或者业
绩连续下行的时期中做出来的。相对比较快地从交易
低谷期恢复过来，我知道这是我的一项优势，是我可
以依靠的特点。我知道我在压力下也能表现得很好，
尤其是我已经拥有了这么多的经历，现在我就更加确
信这一点了。"

——一位对冲基金经理

这里有个方法，能够让你积累建立自信需要的资源，并

创造出足够的证据让你能够确信"我能够应付交易中的困难"，并且这一点会很让你信服，因为它是真的。

承认个人的优势

请思考你作为交易员的优势和品质，并写下来。在遇到困难时，想出一项相关的优势或品质，并向自己解释这一点会怎样起作用。

回想你为了特定的场景已经做了什么准备

提醒你自己，你已经为某个特定的时刻做了多少准备。它可以是过去大量的市场经验，也可以是你为这个交易做的准备工作（比如市场研究、交易计划、情景分析，以及前瞻性回顾）。

回想你以前如何克服了类似的挑战

这可能是最重要的一点。交易上刀枪不入，是以大量的实践为基础的。我们经历的每一个艰难的交易时刻、每一次亏损、犯错、挫折以及事业的低谷期，共同构成了交易上的刀枪不入。所有的经历，都在帮助你积累经验，使你更加善于应对困难。

要提醒你自己，哪些挑战和困难是你已经在交易中克服了的，结果是你收获了怎样的技能和策略，这些经历给你带来怎样的经验与教训。

支持：谁可以帮到我？

虽说韧性通常是一种个人的属性，但研究发现社会关系的支持是让人具备韧性的少数关键因素之一。想想有没有人在你的人际网络中起到了支持性的作用：同伴交易员，某位导师教练，某位朋友，家庭成员？找到他的存在会对你很有帮助。

这些人身上有没有什么优势和品质，是你可以在需要时借鉴的？

在下列表格中（见表 17-1），请思考你在交易中可能会面临的常见的挑战。为了应对这些挑战，写下你拥有的可用资源。这个练习最主要的目的，是培养出有证据支撑的资源获得感，使你能够确信，可以凭自己应付交易中的困难。这一点是真的，你相信你可以，结果就是你会感到更有自信。

表 17-1　本节练习

情景 有什么事件或情景？	优势 你在这个情景中可以利用的优势是什么？	过去的挑战 过去是否存在类似的挑战？举个例子。	支持 在这个情景中，哪些人会对你有支持作用？

自信的缺口：采取行动

"当我有了自信，我就会杀回市场，重新开始交易。"

你是否有过类似这样的想法？在你这样想的时候，当时发生了什么？你感觉如何，采取了什么行动？

这个想法是非常普遍的。但若是过分地拘泥于这样的想法，就会给你的交易设置障碍。这就会对你从挫折中恢复造成非常严重的影响。比如你正经历连续的交易亏损，若你坚持等待恢复自信后再交易，就会面临显著的错失交易机会的风险。这种对再次亏损的恐惧，会阻止你采取有效的交易行动。这种任由恐惧阻碍我们采取有效行动的症状，就是 ACT 的领军研究者拉斯·哈里斯博士（Dr. Russ Harris）所称的自信的缺口（confidence gap）。[47]

不管你最近是否在赚钱，也不管上一笔交易是盈利还是亏损，下一刻要做的事情都是根据你的交易计划采取必要的行动。这一过程，我们已经在前文中定义为践行，然而大多数交易却把它看作自信的表现。请注意，采取坚定的行动，才能构建自信。

"今年长达三个月的账户业绩下行期，确实令人难受。交易的决心开始衰退，不得不让人开始质疑自己的能力。我将交易拆解到最基本的层面——交易更小的头寸，做更简单的交易，不做复杂的对冲（在当时对冲已经不适合我了）。我甚至开始留意别的市场，即其他交易员正在盈利的市场。与其在同样的市场里反复碰壁，不如去其他市场找找新机会，二者之间似乎存在很好的平衡。但这样的平稳我从没找到过。专注是最重要的事情，集中注意力，把简单的事情做好，才能重建自信。"

——一位自营交易员

在你的交易过程中，思考以下情况下你会怎么做：

▸ 经历一连串的亏损时；

▸ 在交易低谷中；

▸ 犯了一个错误之后。

当你面对困难的交易情景，你的应对流程是什么？大多数交易员在寻找市场机会、入市交易、管理头寸、止盈止损上思考了很多，但很少会想到如何应对困难的市场和交易环境（见表 17-2）。

表 17-2 战胜挑战的行动

交易的挑战，具体的情景，事件	你想采取哪些有效的行动

第 18 章

关键时刻，头脑冷静

冷静，才能建立自信

"以平静之心面对考验，可以化解厄运的力量与
负担。"

——塞内加

山姆要交易的产品，流动性很差。有时候他想到了交易
计划，知道具体交易的步骤，但因为流动性不足，就是无法执
行下去。

可想而知，这就让他压力很大。

如果市场强烈地向着不利于他的方向走，而他只能眼睁

睁看着账户变红[⊖]，那压力就更大了。巨大的亏损加上缺乏控制力，一定会激活压力反应。

每到这个时刻，控制自身生理机能，即维持一定程度的冷静，调节压力反应的能力就显得格外重要了。这也能提升你的自信，让你可以在压力到来时维持正常发挥。

在这种重要的交易时刻，或者说充满压力需要你全力以赴的时刻，正是平时所有的练习与积累最终起到了关键的决定性作用。

在这种时刻，没有什么特定的策略和技能可以帮到你。你不可能临时想出绝妙的主意来渡过难关。能够帮到你的只有平时训练积累的经验和技能。在海豹突击队训练时，有这样的说法，就是在压力下你只能降低到平时训练的水平。没什么花招可以代替多年的苦练、经历和学习的过程。

在充满压力的时刻，你要么自信地说"我行"，要么就败下阵来。顶尖选手不会在这方面自欺欺人。

更具体地说，这种冷静可以拆解为：

（1）经历；

（2）技能／能力；

（3）思维方式；

（4）生理状态；

⊖ 在欧美市场，红色代表下跌，绿色代表上涨。

（5）工作准备；

（6）调整状态的能力。

以上六个因素，前五个都是在压力到来之前，在平时训练和培养的。最后一个，调整状态的能力，能够帮你在压力到来时管理压力反应。下面将介绍具体的实现办法。

踩下刹车

当你在经历压力反应时，实际上你的身体正在开始为你接下来的行动调集能量。在你的中枢神经系统中，压力反应通过交感神经系统激活，该系统本质上是你身体的"加速器"。激活达到一定程度，你系统中的能量就更加有用、可用，从而提升了你的表现。

但有时候，能量的水平会变得太高。你的加速太快，你的兴奋水平对表现反而开始产生负面效果。在这种情况下，你必须要能踩下刹车。你得激活副交感神经系统，这是身体中的刹车系统。

当涉及中枢神经系统的调节时，呼吸是一项有意识可控的因素。

呼吸的作用

"呼吸的技巧给我的帮助非常大。"某大型对冲基金的经理在参加了一系列交易研讨会后，给我这样的反馈。这个观点马上得到了小组中其他人的响应，其中包括很多资深基金经理。"我用呼吸技巧来帮助我在做交易决策时保持冷静，也帮助我在向客户和媒体做演讲时控制压力水平。"

你的呼吸每时每刻都与你同在，大多数情况下在你的意识觉察之外，随着外部和内部条件的改变而改变。它反映的是你神经系统的状态变化，随着交感神经系统的激活而加速，随着副交感神经系统的激活而减慢。它也会随着你经历市场的起伏而变化，反映出你的大脑对感知到的风险和回报水平的评估（当大脑激活了从恐惧到兴奋的各类情绪，并为行动调动能量时，也会有呼吸上的变化）（见图 18-1）。

近年来，练习和使用呼吸技巧，来提升人们的健康水平和交易表现，正在受到越来越多人的关注。这也是我给交易员做的培训项目中很重要的一部分。

觉察呼吸的存在

我们已经了解了，练习呼吸技巧的很好的切入点，就是给呼吸一点觉察，花一点时间注意你是怎样呼吸的。

在练习的片刻，停下来，观察你的呼吸。

▸ 你呼吸的速度如何？

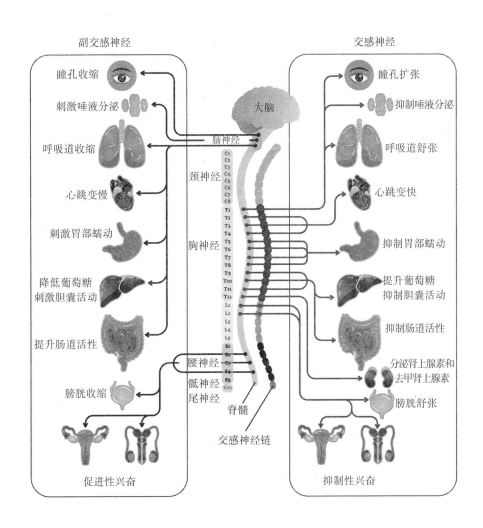

图 18-1 副交感神经系统和交感神经系统

▶ 你呼吸的深度如何？

▶ 你呼吸的节律如何？吸气和吐气的时长比率呢？

▶ 你呼吸的动力是来自腹部还是胸部？

▶ 你呼吸的途径是经由鼻腔还是口腔？

你可以每天花几分钟，观察自己的呼吸。不用去控制任何东西，也不需要做任何事，只是观察呼吸。这是非常常见的正念冥想练习。

回到当下

高绩效往往出现在你专注于当下的时刻（present moment）。高强度的压力会让人脱离当下的状态，让人将意识关注的重点从过程转移到结果上，将思维从"我此刻需要做什么"转向对过去的回忆或对未来的担忧。

我教给客户最简单、最有效的技巧之一，就是用缓慢的深呼吸，帮助他们在紧张的时刻保持平静，在饱满的觉察中，做几次更慢、更深的呼吸。

乔治·芒福德是美国 NBA 球队的正念顾问。在他看来，正念可以使你处在"暴风眼"中（立足于混沌局势中宁静的点）来体验挑战和困难。[48] 试着做几次缓慢的、深度的正念呼吸，就能让你置身于暴风眼中体会沉着和平静，来从容应对来自市场的挑战。

呼吸的战术技巧

顶尖的运动员和军人，都会使用呼吸技巧来提升压力下的表现。近几年，在科研和应用层面，越来越多的人开始关注，如何运用呼吸技巧在高风险的场景下提升表现。

你可能认为自己已经很擅长呼吸了。你已经有过大量的练习，实际上从生下来就开始了。因此，你不用想就能呼吸。当然，我们所有人都可以不假思索地呼吸，这是全自动的功能，否则，就有麻烦和危险了。

然而，虽然没有人教过我们如何去呼吸，我们也都会呼吸，但我们仍有机会改进自己的呼吸，这是为了健康和幸福，也为了提升我们的表现，尤其是在压力下。

呼吸的原理机制

在我们开始讨论特定的呼吸策略之前，我想先提出关于呼吸机制，以及如何改进你的呼吸的要点。

当我们想改进呼吸来提升表现时，有三个关键因素要考虑：[49] 位置、通道和节奏。

（1）位置。

花点时间。把注意力放在你的呼吸上。观察你从哪里呼吸，呼吸的引擎是什么。

是横膈膜，即腹部（躯干靠下的部分），还是胸部（躯干中靠上的部分）？

当人们处于紧张状态时，他们的呼吸通常会变得更快、更浅，在胸部的上方进行。当人们更放松的时候，呼吸会发生在从横膈膜到腹部的位置，动作会更慢、更深。

将呼吸从胸部转移到腹部，是激活副交感神经系统，并给身体施加刹车制动的一种方式。

（2）通道。

再找一个练习的片刻。把注意力放在你的呼吸上。观察你是通过什么呼吸的。

是你的嘴巴还是鼻子？

呼吸科学的研究表明，用鼻子呼吸的效果是很强大的。当谈到呼吸策略，尤其是涉及调节压力下的生理状态时，鼻式呼吸比口式呼吸更有效果。

我们生来就是要用鼻子呼吸的。鼻腔里有毛发和黏液，鼻腔周围有鼻窦，这些都有助于过滤空气。当我们用嘴呼吸时，这个过程就不存在了。口腔主要是消化系统的一部分。只有在高强度的体力消耗时，你才需要用到嘴巴来呼吸。

通过鼻子呼吸还会释放一氧化氮（NO），它能给你所呼吸的空气消毒，打开你的气道（这是一种支气管扩张剂），并帮助改善氧的摄入效果。最后，鼻呼吸有助于我们使用腹部隔膜，并能更好地控制我们吸入多少氧气和呼出多少二氧化碳。

鼻式呼吸的效率更高。

用鼻子轻轻吸气，停顿，然后轻轻呼气，停顿，重复这个过程。

（3）节奏。

花点时间关注你的呼吸：观察你呼吸的节奏，吸气的时长和呼气的时长之间的比率关系。

呼吸机制的第三个因素是节奏，即吸气时长与呼气时长的比率。这决定了你的呼吸对你的生理状态的影响。

当你吸气时，你激活了交感神经系统，也就是加速器；当你呼气时，你激活了副交感神经系统，也就是刹车系统。你的吸气为身体系统注入能量，你的呼气使系统变慢。所以，通过改变你的节奏，调整吸气和呼气的比例，你可以改变你的生理状态。

▶ 1∶1 的节奏，吸气和呼气等时长。比如，吸气时数到四，呼气时也数到四。

▶ 1∶2 的节奏，呼气的时长是吸气的两倍。比如，吸气时数到三，呼气时数到六。

▶ 2∶1 的节奏，吸气的时长是呼气的两倍。比如，吸气时数到六，呼气时数到三。

呼吸的艺术

呼吸的技巧和策略有很多种。一些交易员更喜欢特定的技巧。我的建议是尝试多样化的策略。在远离市场的时候，先进行广泛的尝试，一旦发现对你最有用的策略，你就可以开始在交易中的适当场合将它们整合进来。

每天在你的交易过程中，花 5 分钟练习呼吸技巧，就能很好地锻炼你状态管理的技能，增强生理机能。呼吸的技巧可以少量使用，从几秒到几分钟，根据整个交易日的需要多次使用。

冷静和专注：这种呼吸技巧，可以平衡你的生理机能。你想要实现专注和投入，同时也想保持冷静，可以使用这种呼吸技巧。在这种状态下，试试 1∶1 的呼吸节奏。在军队中，4∶4 呼吸模式，经常被作为战术呼吸策略来教授。而我会建议许多交易客户使用 5∶5 的呼吸模式。

冷静和放松：这种呼吸技巧，是为了实现让身体刹车的效果，让节奏慢下来，并激活你身体中的与放松相关的反应。为此，我们使用了 1∶2 的节奏。呼气的时间是吸气时间的两倍。建议你从 3∶6 开始，如果感觉不太舒服，可以降到 2∶4，然后在充分适应以后再切换到 3∶6。随着时间的推移，通过练习，交易员的目标是适应 4∶8 的呼吸节奏。

第 19 章

善待你自己

严厉的批评，还是有同理心的引导

"当我经历了从业以来最大的交易亏损时，我才意识到自我对话的方式有多重要。我一直在经受这样的打击——在经历这些后，我今年已经拿不出任何利润了。我必须十分努力地工作，才能维持住交易上的自信。"

——一位商品交易员

当你交易亏损时，你会对自己说什么？当你在业绩低谷期时，又会对自己说什么？在交易执行上犯错，或错失很好的交易机会时，你又会说什么？

在我的辅导中，我听到有些交易员用很残酷的方式评价自己："你真是个十足的傻瓜""你就是个可悲的失败者""你总是把事情搞砸"。

还有更糟的。

如果你也像这样难为过自己，首先，我想说你是正常的。你可能很惊讶我会这么说。但要知道，人类的天性就是评判和批评，找出负面的因素，预测最坏的局面，向你传达和未来有关的负面信息，并引起你的焦虑感和恐惧感——对已有的一切感到不满足并渴望更多，并不断地从过去的事件中抽取出痛苦的回忆。

这就是我们的思维干的事情。

因此，这不是反常现象，也算不上个错误，只是有时候对我们完全没有帮助而已。

在与自我的对话中采取过激的评价，会影响你的自信和交易的表现。我遇到的大多数取得较高成就的交易员都有这样的倾向。总体而言，大多数人是以一种永远不会施加给别人的残酷方式来苛待自己的。在成就很高的人群中，这种自我对话有时是相当可怕的。

他们愿意相信，苛刻的自我评价是驱使他们进步的动力，这一点是成功的关键。但事情并不必然如此。过于苛刻的自我评价也可能起到副作用，长期的苛刻评价更是有害。

要应对苛刻的自我评价造成的影响，有以下三个要点：

▶ 培养出更多的自我接纳和自我同情；

▶ 与你的自我评价脱钩；

▶ 将重点放到采取有效的交易行动上来。

什么是自我同情

在交易的世界，或其他竞争主导的领域中，人们不会自发地想起同情这个概念。然而，越来越多的研究，尤其是克里斯丁·奈夫（Kristin Neff）的研究表明，自我同情（self-compassion）是高绩效人群的核心技能，它能够培养情商并建立起情绪的稳定性。[50]

同情，通常是受到赞赏的。同情的表现，有对人友善、感同身受，以及给他人以支持等。而自我同情涉及的概念，是以一种类似的方式对待你自己，当你在交易中遇到困难，当你面临亏损，当你犯下错误，或者注意到你某些方面表现的不是你理想中交易员应有的样子时，善待你自己。

在这种时候，与其去评判和批评，不如给自己一些同情。尝试去理解和分析你所处的情景，想到你也只是一个人，也会犯错，而且事情不会永远像你预期那样发展。你也会亏损，也会犯错，也会错失交易机会，有时候也会偏离你的交易计划，没能实现目标，你也会沮丧。对这种现实情况，还是要尽量保持宽容。

这就是交易最真实的体验，它反映的是人的境况。

自我同情的三个要素

根据奈夫的研究，自我同情的三大基础包括：

（1）对自我友善（而不是自我批判）。

对自我友善，意味着当事情发展出现问题时，要对自己采取更多接纳和理解的立场，而不是难为自己，深深地责备自己。

要想实现这一点，最关键的是认识到"人非圣贤，孰能无过"。我们体验到失败、亏损、挫折、犯错、错失机会、不耐烦、偏见、冲动以及其他交易的困境，是完全正常的现象。

在事情没有按照预期发展时，不要对自己太苛刻。我们必须承认自己只是普通人，也会犯错。不要苛求自己表现完美。这样想能让你减轻压力、沮丧和自责的程度，令你能够更平静地面对交易的困难。

（2）普遍的共性（绝非孤立的现象）。

由我进行一对一辅导的交易员，常常有这样的感觉，觉得全世界就自己有这样的问题。这种感觉就好像他们是唯一的交易员，只有他们自己会因为亏损而感觉到痛苦、愤怒、沮丧，因为犯下愚蠢的错误而感觉到羞愧，因为没有及时止损而难以摆脱深深的懊悔。

人类都是不完美的，交易员也是如此。所有的交易员都经历过亏损、犯错、错失机会、背离交易计划、头寸太大或者太小，经历过交易的低谷期。

自我同情的这一部分，就是认识到自己不是唯一一个在经历这些挑战的。这些挑战是所有的交易员要共同面对的，是交易员普遍经历的一部分。

（3）正念当下（而不是过度执着）。

自我同情的这一部分，是要在负面的体验、想法和交易中其他的感受之间保持平衡。意思是负面的想法不应该被压制，但也不能被过度夸大。

这一目标，恰如我们在前面章节中探讨的，追求的是接纳和观察交易中负面的想法和感觉，而不是去尝试摆脱它们。这样做的目的是觉察到内部的负面体验，但也不要陷在其中，随波逐流。

在这里，培养你当下的注意和觉察、与负面情绪脱钩以及情绪上的接纳能力，就十分重要了。

自我同情的益处

具备较高的自我同情水平的人，对自己的失败和错误的批评也会轻一点。他们已经认识到失败、挫折和困难都是人类的正常经历，因此，能够以一种更加平衡的方式，来对待困难时期出现的负面的想法和情绪。

自我同情程度越高的人，感受到的痛苦程度就越低，对失败的恐惧越少，在失败和挫折后恢复的动力越大，也越善于克服逆境。

作为一个交易员，自我同情就是要认识到失败和挫折、艰难的时刻、损失和错误都是不可避免的，但同时也是宝贵的学习机会，它们应该被接纳和接近，而不是被回避。

自我同情，也要认识到你自己的弱点，并在充分开发潜能的背景下努力提升自己。

如果我培养出自我同情，我会失去竞争优势吗

与我共事过的许多交易员，都称自己是"自己最苛刻的批评者"。许多人认为这很有价值。他们说，自我批评促使他们不断交易、不断进步，从自己的损失和错误中吸取教训。

但是过多的自我批评，也会削弱你对自己的信心。它将会：

▶ 降低你对新任务的渴望；

▶ 增加焦虑和抑郁的风险；

▶ 降低自我效能感；

▶ 增加对失败的恐惧；

▶ 抑制目标实现；

▶ 减弱自我觉察；

▶ 阻碍我们克服弱点。

许多交易员担忧，除非他们对自己严格要求，否则他们将失去竞争优势。但事实并非如此。

培养对交易中困难的自我同情，能让你克服面临的挑战，并有所收获，避免严厉的自我批评造成的负面影响。有人认为，自我同情比自我批评更能让人适应失败，因为它需要我们付出更多的努力来提升自我，也能激发更大的提升自我的动力。

练习自我同情，增强信心

有很多方法可以培养你的自我同情。自我同情是一种技能。就像其他任何技能一样，它是可以通过练习提高的。

其中一个最快、最简单的方法是，有意识地像与一位自己所珍视的朋友或同事交谈一样，与自己交谈。

请保持这么做。特别是当你在交易中遇到困难的时候。

你可以想象一位支持你的教练，他会如何帮助你度过这样的困难情况或时期。

（1）想想那些你认识的交易员，他们也会有自我感觉不好的时候。你将如何回应他们？写下你会说什么和做什么。注意你的措辞。

（2）现在想想你自我感觉不好的时候。通常在这些情况下，你会如何评价自己？写下你通常做什么，对自己说什么。注意你和自己说话的措辞。

（3）这两者有明显区别吗？如果有，在哪些方面？为什么会有这种差异呢？是什么因素导致你对待自己和他人如此不同？

（4）如果你对自己的评价，和你对其他苦苦挣扎的交易员的评价一样，写下你认为事情可能会发生什么变化。

意识到你的自我对话，摆脱严厉的自我评判，是非常有益的。这涉及我们在第 15 章中谈到的脱钩的概念。花点时间给你的批评思想贴上"评判"的标签——把它们当作来自你大脑的评判来观察。"这些是我正在思考的想法……"这有助于消除它们的尖锐感，提醒我们它们本质上到底是什么——不太严密的心理事件而已。

另一种方法是在你的交易日志中增加一个章节，在这个章节

中，你在一天结束的时候，花 5 分钟写下你经历过的一个困
难的情况，在此你对自己做了严厉的批评和评判。记下你的
感受和原因。正如第 16 章所述，这可以帮助你通过脱钩、
处理和反思来克服这些无益的想法。

最后一个练习（见表 19-1）是想想你对自己特别严厉的情
况。写下在这些情况下你对自己说过的话，以及它们给你的
感觉。然后从富有同情心的交易教练的角度出发，这个人会
把你的最高利益放在心上，会支持你，希望看到你充分发挥
自己的交易潜力。写下在同样的情况下这类人可能会说什
么，以及这会对你产生什么影响。

表 19-1　本节练习

情景	自我对话	感受	教练的话	影响

第八部分

BULLETPROOF TRADER

灵 活 性

第 20 章

在困难时期不忘发掘交易机会

对负面的偏好

我会给你展示三张图片，分别是一辆法拉利、一只死猫和一个盘子的图片。

它们分别给你什么感觉？

同时，你的大脑的电信号会被仪器记录下来，特别是信息处理发生的位置，即大脑皮层。

你认为会发生什么？

这是约翰·卡乔波博士进行的一些研究，目的是研究我们的大脑对不同刺激的反应。[51]

给被试者展示的图片有：

▶　一辆法拉利（作为积极情绪的刺激物）；

▶　一只死猫（消极的情绪）；

▶　一个盘子（中性的情绪）。

研究表明，大脑对负面刺激的反应更强烈。负面刺激引发的电信号强度大于正面刺激。

换句话说，我们都具有一种负面的偏见。我们的大脑就是对负面事件更敏感。这一点对生存很重要，它能让我们远离危险。从人类起源开始，关注负面的事件就很有价值。

当我们处于压力之下时，这种负面的偏见就会更强烈。我们开始对威胁和风险过度警惕，更加关注负面的东西。

这种改变，并不能帮我们做出更有效的交易决定。因此，平衡这种消极偏见是很重要的。

一种有效的办法，是改变你的观点。为了避免你自然产生的心理反应将你困住，灵活地选取观察事物的视角是很重要的技巧。

发现机会

opportunitiesarenowhere

你能从上面看到什么？

你们有些人会发现机会无处可寻（opportunities are

nowhere）。

有些人会看到机会就在此时此地（opportunities are now here）。

你瞧，我们都有按相同顺序排列的相同的字母，却可以从中捕捉到两种截然不同的信息。

如果一个交易员秉持"机会无处可寻"的视角来到市场，他会体验到什么呢？

如果一个交易员秉持"机会就在此时此地"的视角来到市场，他的体验又会是什么呢？

你怎样看待市场，会影响你的感觉和行为，以及你做出的决定。这反过来会影响你从市场中收获的结果。

我遇到过很多交易员，他们都秉持机会无处可寻的思维方式。全球金融危机爆发后不久，一位交易员告诉我，"交易的时代已经结束了"。可想而知，他的结果就是一事无成。

作为刀枪不入的交易员，我们要具备在困难中发现机会的能力。消极的偏见很容易让人接受"机会无处可寻"的思维方式；我们需要用实践来重新训练大脑，带着"机会就在此时此地"这样的视角使之达成平衡。

有时我会把这种视角叫作广角镜头，它本质上代表的是精神上的灵活性。它能够促使我们采取有效的交易行动。

"在最糟的时期，蕴藏着最好的机会。"

——一位基金经理

思考以下的问题有助你在困难时期寻找机会：

▸ 在这种情况下，机会是什么？

▸ 这种情况的好处是什么？

▸ 我能从这种情况中学到什么？

▸ 在这种情况下我能培养什么技能或收获什么知识？

▸ 这次经历如何帮我成为一个更好的交易员？

▸ 我能从这次经历中学到什么或收获什么？

我们常常会发现，困难的情况、充满挑战的时刻和种种障碍，最终被证明对交易员来说很有价值，它们被证明是对发展有益的，是潜在机会和宝贵的教训。但前提是我们要具备找到和利用机会的能力。斯多葛派总是不会放过在每一个场景中寻求最佳结果的尝试，即便是身处亏损和悲剧中，他们也会努力寻找并吸取教训，进而找到并采取有意义的行动。

这一点的确很矛盾，只有通过面对和克服挑战和困难，才能培养出你所需要的心理技能，发挥出你作为交易员的全部潜力，这些心理技能包括：

▸ 践行；

- ▶ 信心；
- ▶ 复原力；
- ▶ 灵活性；
- ▶ 冷静。

学习 VS. 盈利

"智者用自己的眼光来看待事情，推动所遭遇的一切，向对自己有利的方向演变。"

——塞内加

我曾与一家环球交易公司签订了一份长期的咨询合同，我曾与许多交易员共事，他们由于种种原因，经历了持续的亏损或盈利能力下降。这类时期，在心理上总是很折磨人的。交易员很难靠自己挺过这些阶段。虽然我基于他们自己独特的情况、经验水平、交易风格和市场、个性和偏好，对每个交易员都使用了多种不同的方法和策略，但我发现有个框架是我经常会用到的。

这涉及精神上的转变，看待问题的视角从挣钱向学习转变。

当交易员表现良好、能够盈利时，根据我的经验，此时他们完全专注于盈利，关心的是收益最大化，很少有人想着培养自己的技能、知识或策略。这个阶段就是努力实现利润最大化，用农民的话说就是"晒草要趁天气好"。

只有当交易员面临亏损、业绩下行和市场动态的变化时，他们才倾向于做出深度反思。这就是他们开始反省的时候，此时他们对发展新的技能和知识的可能性持开放态度。这是一个以学习为中心的阶段，是发展技能和增进知识的机会，可以打磨手艺、心智和身体素质，调整交易员们的策略和交易的行为，使之与环境相适应。

在接下来的图表中，我们可以看到，在一段良好的收益期之后，通常会跟随一段收益较低的时期。低收益期之后，可能又是高收益的时期。交易表现是周期性的。这通常反映了市场条件的变化，反映市场条件与交易员的风格和策略之间的匹配性。

对交易员来说，经历这个周期的危险在于，出于对下行周期感到不安并试图避免下行周期，他们最终会采取有害的行为。如：

▶ 不能及时调整他们的方法；

▶ 过分承担持仓的风险；

▶ 交易自己不擅长的市场行情。

我们所有的交易行为都是为了赚钱，为了盈利。但在下行周期中，认识到环境的变化是很重要的。到了这个时候，你就应该及时转变心态：从追求盈利转向追求学习（见图 20-1）。

这就涉及积极尝试不同的、更有益的行为，即与新的市场环境相匹配的行动。这才是最终能让你更有效地走出下行周期的办法。

我们在一个下行周期积累的技能、知识和行为，能够成为应对下一个下行周期的资源。它们还可以增加价值，使未来创造更高的回报成为可能。

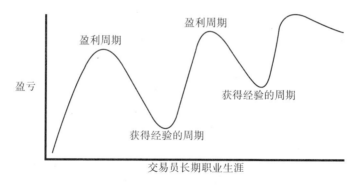

图 20-1　盈利与学习的周期

这是习惯不适感的机会

就算在困难的交易时期，也总有一个机会存在，那就是在困难时期寻求能力突破的机会。

当你面临亏损的时候，你就有机会学习如何应对失败。当你处于低谷期时，你就有机会学习如何应对低谷。当市场变化时，你就有机会学习如何调整你的交易方式，以适应不断变化的市场条件。应对挫折的经验，是在经历挫折的时候形成的。每一次艰难的交易经历，都是练习和筑造你的心理堡垒的机会，使你能借此变得刀枪不入。

逆境是交易经验的一部分。这是锻炼生理机能、获得适应环境的韧性的机会，也是锻炼心理机能、发展精神和情绪上的技能和资源的机会。

交易挫折期是很不舒服的。正因为如此，它们是练习适应不适感的好机会，也是学习主动接纳困难、采取坚定的行动、提升你交易稳定性的机会。

自上而下的视角

斯多葛派会锻炼自己自上而下观察世界的能力。意思是，中立地观察万事万物的来来往往，以及你在其中的体验，而非被它纠缠——拿得起，放不下。

自上而下的观察，不会直接改变世上发生的事情。但不同的视角，确实会改变你对正在经历的事情的感受。自上而下的观察，可以让你从不同的角度来看待你的交易经历。当形势艰难时，你很容易在短时间内陷入被动，被当下的事情困扰，被你的想法所纠缠，被你的感觉所包围。这会让人感到紧张，很不舒服。

但自上而下地观察一笔亏损，它就可以归入你曾经做过的所有交易中，它仅仅是其中之一。自上而下地观察一段低谷期，可以让你体验它，同时减弱对随之而来的思想和情感的纠结。你就能保持更中立的立场，能够更清晰地看到市场中存在的机会，从而做出更有效的行动选择。

"自上而下地观察，俯瞰成千上万的羊群和牛群，俯瞰成千上万的人类活动，俯瞰每一艘在暴风雨中或风平浪静的海域航行的船，俯瞰处于创造、结合和灭绝中的这一切。再想想，在你之前曾经生活过的人，在你之后将生活的人，现在在异国生活的人。有多少人从未听说过你的名字，又有多少人很快就会忘记它，有多少人可能现在赞扬你，但很快就会转为指责你。请记住，无论是记忆、名誉，还是其他任何东西，都不具备值得思考的重要性。"[52]

——玛可斯·奥勒留

下面这个练习，可以帮你从不同的角度来看待交易上的挑战。

坐在一个舒适的地方，闭上眼睛。

现在运用你的想象力：想象自己坐在办公桌前的情景。

当你看着自己的时候，站起来，后退，注意你的座位、你所在的建筑、城镇、整个世界。

把你交易上的挑战，与你在每一个阶段所看到的画面联系起来。

请记住，还有许多其他交易员正在他们各自的交易中面临挑战。

榜样会怎么做

想想你在交易中遇到的困难，或压力很大的场景。

现在想象你了解的一个交易员。可以是你认识的人，或知道的人，或读到过的人，甚至可以是虚构的"理想中的交易员"。

在这种困难的情况下，你的榜样会怎么做？

在艰难的交易时刻，问自己："我的榜样会怎么做？"它能让你在刺激和反应之间暂停一下，减轻情绪反应，给你带来不同的看问题的角度。它能让你用最理想的应对方式来做决策。

斯多葛派将这种行为称为"见贤思齐"，在面临挑战和困难的时候，他们会问："贤人会怎么做？"

"'我们要把感情寄托在某个好人身上，让他时常出现在我们眼前，这样我们应该像他在注视我们那样生活，像他在观察我们那样行动。'这是伊壁鸠鲁的建议，给了我们一个监护人和道德导师，这是有道理的。如果一个目击者总是站在有意行恶的实施者身边，恶行就会大大减少。"

——塞内加

第 21 章

适 应 变 化

变化是难免的

"务必遵守以下规则：不要屈服于逆境，不要相信顺境，永远记住命运之神的行为总是出于随心所欲，看待她要像她真的要去做在其掌控之内的一切事情那样。无论多糟糕的局面，只要你心里有所准备，它真正发生时给你的冲击就会小很多。"

——塞内加

要说在交易中还有什么事情是确定无疑的，那就是变化是难免的。斯多葛派认为一切都需要改变，这样才会有新陈代谢。在他们看来，对变化感到惊讶的人是愚蠢的。你怎么可能

不知道改变将要到来？塞内加建议不要向逆境屈服，糟糕的光
景不会永远持续下去，同时也要认识到美好的时光同样不会永
远持续下去，一切都是无常的。

场内交易员：适应力最强的，才有资格生存

"1997 年，有 1 万人在场内交易……如今，当初那批人只
剩下 10%。"

这是 2009 年纪录片《场内交易员》(*Floored*) 的开场叙述，
该纪录片讲述了随着电子交易的到来，芝加哥的交易所纷纷关
闭的故事。[53] 这部片讲述了在那里工作的交易员尝试适应新的
交易世界的过程。

片中我最喜欢的场景，也是我经常在研讨会上展示的场
景，就是场内交易员肯尼·福特（Kenny Ford）与前场内交易
员、现为软件工程师的迈克·菲什班（Mike Fishbain）的讨
论。他们谈论市场的演变、程序交易的崛起，以及电子交易是
多么糟糕。

这是个很好的例子，说明有人看到了变化的发生，但不
喜欢变化，也没想过让自己适应。

肯尼的观点包括：

"电脑是有史以来最邪恶的发明"；

"我无法战胜电脑";

"公开叫价是有史以来最光明磊落的交易方式";

"相信我,他们用机器作弊"。

迈克愤怒的回答是我最喜欢的:

"假如你是个音乐家。你喜欢演奏爵士乐,但这并不意味着你不能演奏古典音乐。你喜欢爵士乐,但你仍然可以演奏古典音乐。市场就像一曲交响乐,给你什么曲子你就得弹什么曲子。"

在一个永恒变化的世界里,《场内交易员》展示了交易员在面临重大变化时所经历的真实故事。从基本的进化角度来看,有些交易员存活下来,有些则死去。

用查尔斯·达尔文的话来说:

"存活下来的不是最强壮的物种,也不是最聪明的物种。但它一定是最能适应变化的。"

没人强迫你活下去

如果你经历过心脏病发作,并且医生告诉你,必须改变你的生活方式,才能避免心脏病再次发作(以及潜在的死亡),你会怎么做?

我猜你会说你会做出必要的改变,吃得更健康,更有规律地锻炼。当面对不改变就得死的选择时，谁又不愿意这样做呢？

但事实是，大多数人都不愿意。这似乎难以置信，还有什么动机比不改变就得死更有动力呢？但大约 9/10 的人，在这种情况下还是不会做出他们需要的改变。[54] 许多人因拒绝改变而死。

2005 年，我刚开始与交易员打交道时，客户是伦敦的一家大型全球自营交易集团。在最初的几个月里，很明显，许多资深的交易员难以获得他们想要的回报，不是因为缺乏交易技能或知识，而是因为市场变得更有效了。

他们曾经拥有的优势已经不复存在。

他们每天所做的一切都不起作用。其中一些交易员做出了重大努力，调整交易风格和策略，努力渡过了难关，维持了交易事业。其他人仅仅是日复一日地重复工作。当然旧的思路一直没用。最终，持续赚不到钱的压力，以及交易造成的损失，导致他们离开了公司。

从那以后，在我指导交易员的时候，我一次又一次地看到，适应不断变化的市场的能力，是顶尖交易员保持高绩效的最重要特征之一。交易员在市场上的任何优势都是暂时的。既要能在短期内灵活应变，又要能适应长期的变化，这两者都是收益最大化和交易职业生涯尽可能长的先决条件。

最终，交易员是否选择改变，取决于他们自己。用威廉·爱德华兹·戴明（W. Edwards Deming）的话来说："没有必要非改变不可，没有人强迫你活下去。"

未来实验室

有个成功的交易员，曾经与我合作过，他花了一些时间思考市场和交易中可能出现的事情。他的目标是找出未来可能发生的转变和其中蕴含的机会。他想现在就做好准备，一旦改变真的到来，他就会站在适应曲线的最前端。

在某种程度上，这是一个研发过程。他在为未来的交易做准备，同时维持短期的表现。

对英国国家队来说，为了实现赢得尽可能多的奥运会奖牌的目标，就需要展望未来，为将来的事情制定计划和策略。例如，他们会考虑：

▶ 什么样的全球动态和趋势，会影响和塑造 2024 年的体育界精英？

▶ 运动员水平发挥的极限在哪里？

▶ 我们将如何管理运动员的健康？

▶ 届时最成功的团队领导和教练将会如何运作？

▶ 工业界的技术和大数据将如何与体育界相互影响？

▸ 英国在里约奥运会上，超出所有人想象地击败了中国，英国能否有一天战胜美国？如何实现？

▸ 哪些新兴技术有可能彻底改变运动员的训练和表现，如何改变？

▸ 英国的高水平竞技部门如何减少对公共财政资金的依赖？有没有其他可行的商业模式？

▸ 英国未来还有哪些体育领域有可能得到奖牌？

这些问题都来自英国的体育未来实验室，这里会聚了有不同学科、实践、商业和体育背景的专家，他们每年都会聚几次，共同交流。[55] 他们仔细思考着体育的未来，探讨在未来4～8年的时间里，竞技体育将会是什么样子。这个尝试旨在培养多个奥运会项目的运动员，帮助他们在未来发挥出最高的水平。在这里，有观念的碰撞、创意的诞生，有问有答。

探讨的结果就是采取行动，包括资助和支持开发新技术、新训练方式，以及任何可能使运动员和团队在竞争中获得优势的事情。

我常对交易客户采用类似的流程。这很实用且效果很好，可以让交易员和交易团队思考未来，思考交易的前沿发展方向，从而思考如何提前获得新知识、技能和策略，主动适应未来的改变而非被动等待。

▶ 对你来说，未来的交易是什么样子的？

▶ 哪五个问题是值得考虑的？

▶ 要想在未来做好交易，你需要成为怎样的人？

▶ 未来有什么是不变的？

▶ 哪些事是你应该要开始做，或者要多做的？

▶ 哪些事是你不应该继续做，或者要少做的？

有效地适应新市场

对新市场的适应，本质上是一个变化的过程。有些交易员发现，自己做出改变比其他人容易。有些人欣然接受，另一些人则更为谨慎。但要想在市场上长期生存下去，交易员都需要积极适应。

以下七个因素，关乎交易员能否成功地适应新市场的交易。你可以在自己的适应过程中，驾驭它们。

1. 承认现实

第一步是要有一个认识，就是市场是会变化的，你当前的交易方式有可能无法沿用到未来。

交易员在适应市场变化时面临的一项挑战，就是评估市场是处于短期变化中，还是在进行系统性的长期转变。我个人认为，当交易员持续地评估和衡量自己交易的状态时，这个问题就变得更加明显。但在一个以不确定、新颖和不可控为特点的市场环境中，这最终只是一种判断。

2. 准备

认识到市场在发生变化，与实际做出你需要做的改变之间，是不一样的。我曾与许多交易员共事，但他们中有很多人无法做出市场环境变化要求他们做出的改变。

当我与客户一起工作时，我会评估他们在改变上的准备程度。若他们没有做好改变的准备，那我也没什么办法。除非他们准备好，否则我们不可能有真正的合作。当学生准备好了，老师就会出现。

3. 重新定义

人们通常将变化视为一种威胁，对其持有负面看法。当交易员需要去适应新的市场时，他们常常要放弃已有优势，转而寻找新的优势。此时，盈利能力将会下降。因此，必须在盈利非常有限的背景下，把时间和精力投入到发展新技能、知识和策略上。

本质上，我们需要从专注于"赚钱"转变为专注于"学习"。通常只有在遇到挑战和困难时，比如不断变化的市场环境，交易员才会致力于学习培养新技能和新知识。在收益好的时候，他们的任务就是交易和赚钱。

问问你自己：

▸ 这个改变有什么好处？

▸ 我能学到什么？

▸ 它将如何让我的交易进步 / 使我成为更好的交易员？

4. 关系

当你调整交易时，得到别人的支持是很有好处的。这一点已被证明是成功的变革方案的关键因素之一。有一个教练或帮手，或一个同行团体（或两者都有）提供支持，会帮助交易员走上正轨，分担烦恼，提供鼓励，这些帮助都是至关重要的。我工作的核心就是担当这样一个角色，辅导交易员，与他共渡难关。

当你想要在你的交易中做出改变时，谁可以支持你？

5. 重复

最终，要改变就是要采取行动，就是要用不同的方式做事。这里关键是确定你需要采取的具体步骤，比如研究新市场、测试新策略、获取相关知识、发展新的技能，等等。

▸ 为什么做这个改变对你很重要？

▸ 你可以利用哪些价值观、力量或行动品质？

▸ 你需要采取哪些具体行动？

6. 阻力

在改变和适应的过程中，很可能会出现负面的想法和情绪。这很正常。恐惧、沮丧、焦虑和"我办不到""我等不起""我的盈利太少了"这样的想法可能会不时出现。此时，拥有应付思想和情绪的技能，就变得至关重要了，它能让你集中精力，采取坚定的行动，这一点对你来说很重要。

7. 复发 / 倒退

"我试过了，但这没用"，适应新市场的交易员常常会用这句话回复我。

"你做了什么？"我问。

"我又回到了以前的交易方式。"

改变的过程既不是直线型也不是指数型的，它更像市场的上升趋势：有上涨的时期，然后出现回撤，或者用心理学概念来说，是复发（见图 21-1）。

在改变的过程中，复发 / 倒退是正常的。但你倒退时的所作所为，决定了你是否能改变。许多人将倒退理解为失败，以至于破罐破摔，死灰复燃。但如果人们意识到倒退正是改变过程的一部分时，他们就可以为此做好准备，并做出不同的反应。当交易员识别出这只是倒退，就可以重新设定方向，再来一次，推动新的上升势头。

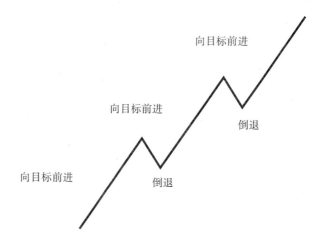

图 21-1　在变化过程中的倒退，就仿佛市场走势中的回撤

第九部分

BULLETPROOF TRADER

状 态 管 理

第 22 章

监控你的压力和疲劳水平

交易绩效的生理学

你是否能回想起，在交易中的某个时刻你明显感觉到了特别大的压力？它对你的交易行为和决策有什么影响呢？

当你在交易中感到疲劳、倦怠、甚至是筋疲力尽的时候，这对你的交易行为和决策有什么影响？

你生理上的感受，对你的心理功能有巨大的影响。它深刻地影响：

▶ 你的注意力和觉察水平；

▶ 你思考的质量；

▶ 你体验到的情绪；

- 你的冲动；

- 你承担的风险；

- 你决策的质量。

你的大脑是身体的一部分。它位于你的体内，与你有很深的联系。精神和肉体不存在真正的区别。因此，你的生理状态（你的压力和疲劳程度）对你的大脑功能，以及你作为交易员的风险承受力和决策起着重要的作用。

疲劳使人胆怯

在一项研究中，科学家观察了为期 12 个月的 1100 个假释决定，发现假释是否通过受到一个变量的极大影响，这个变量就是一天中的时间。[56]

清晨就出现的囚犯，大约有 70% 的概率得到假释，在当天晚些时候出现的人，被假释的概率不到 10%。

做决定是需要精力的。当疲劳开始出现时，大脑就不得不用更少的资源来做决定，因此它自动进入一种神经系统状态，这种状态被称为认知放松。这个状态要求我们做出更快更容易的决策，而且尽可能使用思维捷径。对假释委员会来说，最简单、最快、风险最低的选择就是继续关押囚犯。

研究发现，疲劳对决策的影响，造成以下结果：

- 采用低投入的策略；

- ▸ 减少深层思考，增加思维偏见风险；

- ▸ 更快、更不成熟的决定；

- ▸ 风险感知削弱；

- ▸ 使决策向着付出最小努力的行动倾斜；

- ▸ 更少的自我控制；

- ▸ 增加出错的风险。

从长远来看，疲劳会对你的健康、决心和主动的程度都产生影响，它还会导致回避风险的倾向，这一点正如著名的美国橄榄球教练文斯·隆巴迪所说："疲劳使人胆怯。"

压力诱导出过分的悲观

短期的、强烈的压力，比如市场突然大幅波动，波动性增加，头寸被套牢，交易亏损，犯错，都会激活你的压力反应。如果压力强度足够大，就会导致认知能力的下降，影响你的决策能力。

当压力持续很长时间，你就会经历一系列非常有害的副作用影响。长期的亏损、一段时间的市场持续变化或过于严峻的挑战，都会导致慢性压力出现。

长期暴露在压力中，会导致非理性悲观的状态出现，表现为体内皮质醇水平高企。这使得交易员对当下的威胁和风险变得高度敏感，有选择地回忆起过去的危机时刻，并感受到未来的危险。

结果，交易员会变得厌恶风险。在极端情况下，他们会有抑郁、疲惫和麻木的症状，仿佛困在"情绪的低谷"中。（在另一种极端情况下，交易员会困在"情绪的高峰"，失眠、过度兴奋、躁动不安，得不到休息。）

压力是一种高能状态，它有新陈代谢方面（能量上）的需求。压力越大，持续的时间越长，消耗的能量也就越多，短期透支和长期疲劳的风险也就越大。

管理你的压力和疲劳水平，是优化你的生理机能的关键，这能使你做出最好的交易决定。它还能帮助你更稳定地应对交易的需求和挑战。强大的生理机能，一定也是有弹性的。

有效地管理并提升你的生理机能，需要两项重要的技能：

（1）监控生理状态；

（2）管理生理状态。

1. 监控生理状态

据说，若把一只青蛙扔进沸水里，它会立即试图跳出来，这就好比市场大幅波动造成的急性、短期的压力事件。

但如果把青蛙放进盛有冷水的锅里，慢慢地调高温度，它就会被活活煮熟。这就好比慢性压力，是一种更缓慢、更渐进的体验，就像在持续的亏损中所经历的那样。

　　我和许多交易员合作过，一起经历了交易中的压力和困难时期。许多案例都有一个明显的相似之处，就是在经历了长期的斗争和困难之后，交易员倾向于在低谷寻求帮助。

　　在很多情况下，交易员只是在他们达到非常不舒服的时刻才会寻求帮助，到了这种时候，疲劳几乎已经令人无法忍受，灾难性的交易结果不断出现。但此时，他们就像温水中的青蛙一样，已经被煮熟或者接近煮熟的状态了。

　　在很多这种案例中，在情况恶化成这样之前，交易员就已经经历了盈利水平以及生理和心理层面的显著衰退。从这样的低谷中复苏，往往需要大量的时间和努力。因为这个复苏的基础，是已经严重弱化的心理和生理能力。

　　因此，交易员更早地注意到这些变化，是很有帮助的，当然，也要有能力有效地采取行动，应对这些警告信号。

　　交易员不仅需要了解他们一段时间内的生理状态，而且需要了解他们当下这个时刻的生理状态，并且在这两个时间框架上都需要有工具来管理他们的状态，从而实现交易的最佳状态。

2. 管理生理状态

　　生理觉察的核心，就是觉察到你的身体正在发生的变化。觉察你的压力有多大？有多疲劳？培养这种觉察的一种办法，是以 1 ～ 10 为尺度，主观评估你的睡眠状况、感受到的压力和能量水平，以及情绪和动机。

大卫是一家银行的做市商，我是在给他的交易部门提供指导时认识他的。他非常成功，业绩很稳定，赢得了部门同事的高度认可。他希望我指导的领域，是他对特定交易事件的情绪反应。我让他先记录下，从早上起床到晚上上床睡觉的每一个小时里：

▶ 他的能量水平，1 ～ 10 打分；

▶ 他的压力水平，1 ～ 10 打分；

▶ 当时最主要的情绪。

大卫通过追踪自己的压力水平、精力水平和情绪状态，明显提升了对这些状态的觉察。他能够注意到他的生理状态在一天中的变化，以及相应的对事件的反应。这样他就能思考这种变化，并将交易日发生的事件与他的内部体验进行对比。

他提出了一个很有意思的洞见，就是所谓的压力 - 精力差，即随着压力的增加，会发生精力的下降，这样压力和精力的偏差就走高了，而他也更容易产生压力反应。监测这种偏差，为他提供了很有用的觉察。重要的是，这种数据和从中探得的规律，能使我们开发出许多经验证有用的自我管理技术。

类似这种主观的自我监控策略有一定效果。另外，现在我们也可以客观地监控交易员的生理、压力和疲劳水平。这要归功于生理测量和评估技术的发展。

客观的生理反馈技术

在过去的几年里，我花了越来越多的时间来帮助交易员监控和管理他们的生理状态。生理反馈技术是这方面的一个关键工具，它提供了对他们的压力、睡眠、恢复、体育活动和健康水平的客观的洞见。

根据我的经验，大多数交易员喜欢数据、喜欢图表。但凡有可能，他们都更喜欢客观性而不是主观性。

几乎所有和我打过交道的交易员都知道，当他们压力较小、疲劳较小时，他们的交易表现会更好，管理压力、睡好觉、吃好饭、积极锻炼身体都是维持好的交易水平的关键部分。但对我们所有人来说，知道和做到之间有不小的差距。因此，客观的、数据驱动的评估和监测可以让交易员更深入地了解他们的生理机能对交易的影响——这将促使交易员进一步坚持履行提升这种生理机能所需的行为。

在我的工作中，我使用了一种被称为心率变异性（HRV）的生理标记，它是心率（HR）的导数。这为自主神经系统、交感神经（压力）和副交感神经的功能表现，提供了有趣的洞见。

当你的心脏跳动时，在连续的跳动之间有一个间隔。这些间隔的长度不同：这个变化的时间间隔就是你的心率变异性（见图 22-1）。HRV 因人而异，受基因（约 30%）、年龄、健康和健身水平的影响。

一般来说，更高的 HRV（意味着心跳时间间隔的变异性更大）意味着更良好的健康状况和更好的生理状态。与此同时，较低的 HRV（心跳时间间隔之间的变异性较小）通常与较差的健康和体能、较弱的生理状态有关。

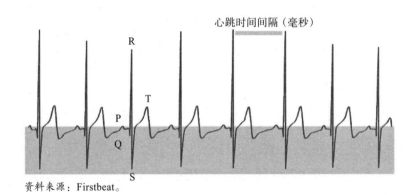

资料来源：Firstbeat。

图 22-1 心率变异性 - 心跳时间间隔

我让交易员连续几个交易日穿戴上高科技监控设备，这些设备曾同样用在精英运动员和运动队成员身上。通过早上的 HRV 读数，我就能够客观地观察交易员在市场交易上的经历如何影响他们的生理状态，反过来也能观察生理状态如何影响交易表现。

通过这些观察，我就能探明改变交易员的生活习惯（睡眠、恢复、体育活动和饮酒），以及使用心智训练策略（如正念冥想、呼吸策略和放松技巧）会如何影响他们的 HRV 数值。

你会把你的资本托付给谁

下面是两个不同交易员 24 小时的生理状态情况（见图 22-2 和图 22-3）。

深色条表示压力反应，可以是积极的或消极的，中灰色条表示恢复，浅灰色条表示体育活动和运动。条的高度越高，代表反应越强烈。

从以下指标中你发现了什么？

- 一天中压力条出现的次数；
- 睡眠中恢复条的数量；
- 压力条的总量和恢复条的总量；
- 白天恢复的时间有多少；
- 工作期间出现的恢复条的数量；
- 睡眠的时长和恢复的程度。

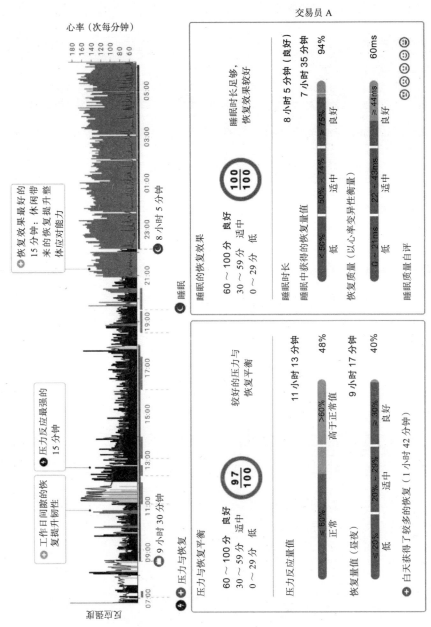

图 22-2 交易员 A 的生理状况

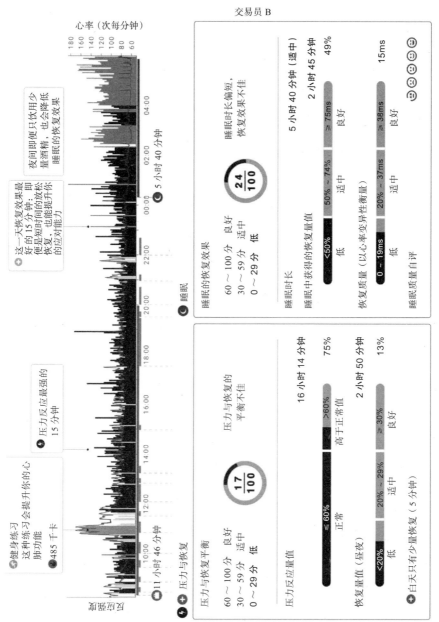

图 22-3 交易员 B 的生理状况

我们不必对数据进行详细的解释，但大致能理解以上图表反映了交易员的生理机能。其中深色条代表压力，中灰色条表示恢复，淡灰色条表示体育活动，你可能会注意到一些有意思的现象。

交易员 B 的生理状况有几个关键的特点：

▸ 他 24 小时中有 75% 的时间在压力中度过，只有 13% 的时间在恢复，而推荐值是 30%。这两个指标都比较反常；

▸ 他每天工作 11 小时 46 分钟，没有恢复时间；

▸ 睡眠时长 5 小时 40 分钟，恢复的数量和质量都比较低；

▸ 他进行了 34 分钟的体育锻炼，这是有益健康的。

现在看看交易员 A 的数据：

▸ 他 24 小时中有 48% 的时间处于压力中，其中有 40% 的时间在恢复；

▸ 他每天工作 9.5 小时，有 30 分钟的恢复时间；

▸ 他睡眠 8 小时 5 分钟，恢复的数量和质量均较好；

▸ 他进行了 27 分钟的体育锻炼，这是有益健康的。

设想这两个 24 小时的时间段，各自代表了两个交易员的标准一天。（根据我更长时间的观察，这个结论是肯定的。）这种生活节律，对压力和疲劳水平有什么影响？各项生理机能处于什么水平？这将如何影响他们的感受和想法？这将如何影响他们的风险承受力、决策水平和交易业绩？

假设他们的技能、知识和交易水平旗鼓相当，现在让你选择将自己的资本投资给其中一个，你会选择谁？

状态管理

对生理状态进行监控的好处，是提升对状态的觉察，从而令自我管理成为可能。这就开启了前期预防和当期即时状态管理的策略，这种策略能够帮助你优化和调节生理机能，以最佳状态交易。

通过定期监测你的生理机能，就可以了解你的市场交易经历对生理状态的影响，反之亦然。

下列因素会影响你的 HRV 水平，但它们在你的控制之下。它们可以作为你日常交易的一部分，或见机使用，包括：

- ▶ 身体健康和幸福感；
- ▶ 睡眠；
- ▶ 恢复；
- ▶ 体力；
- ▶ 营养；

▷ 呼吸；

▷ 冥想；

▷ 生物反馈。

监测你的生理状态有一些关键的办法：

主观的

决定监测哪些生理因素。每天都把这些数据记录下来，如果有必要，可以记录全天数据。我通常建议客户记录的数据有

▷ 压力水平；

▷ 精力水平；

▷ 睡眠；

▷ 情绪；

▷ 兴奋状态。

上述指标都可以用 1 ～ 5 或 1 ～ 10 的量级，记录在你的日志或电子表格中。

客观的

▷ 可穿戴技术设备——捕捉你的压力水平、睡眠质量或时长、体育活动水平和健康状况等生理数据的可穿戴技术设备，在数量和质量上都有了很大的增长。当然这些技术设备的可靠性彼此确实相差很大。但即使是

那些测量不准确的，也会以稳定的方式进行不准确的
测量，也能够提供可观察的趋势和模式。这些设备价
廉物美，能够全天候地收集你的生理数据。

▸ 每天的 HRV 监测——有一系列的应用程序，可以让你
捕捉每天的 HRV 读数（也可以一整天进行读数）。然
后你可以添加一些主观输入，来追踪关键的生理变量。
这是一种快速而简单的追踪你生理趋势的办法，能够
让你了解哪些生活方式和工作因素会影响你的 HRV 数
值和生理状态。要想获得准确的读数，请购买高质量
的心率监测器，搭配适当的应用程序一起使用。

▸ 3 天表现生活方式评估——这是一个更深入、准确且
昂贵的评估生理状态的方法，包括压力的数量和质量、
睡眠的质量和时长、身体活动水平和最大摄氧量健身
水平。它需要持续 72 小时戴上一个带电极的心脏监测
器，三天结束后它会出具详细报告并给出反馈。我在
本书案例中使用的交易员生理数据就是来自这种类型
的评估。

在接下来的两章中，我将提供训练和管理你的生理状态
的策略，以培养有利于获得高绩效的生活方式，并实现较高的
生理健康水平。

| 第 23 章 |

掌握恢复的艺术

自适应强度和超补偿

如果你去健身房做力量锻炼，你就是在给特定的肌肉群施加压力。这一行为的短期影响就是肌肉组织的分解。如果你按照计划锻炼，并给自己足够多的时间进行高质量的恢复，肌肉不仅会实现自我修复，还会为将来的压力做准备，变得更强（一个被称为"超补偿"的过程）。

压力 + 恢复 = 成长

你的神经系统和生理过程也是如此。如果你让身体系统暴露在压力之下，然后确保你得到足够的恢复，你就会经历适应性增强的过程，即你的生理机能增强，变得更有韧性。

长期压力，风险规避和稳定的交易绩效

据我们所知，压力有一种代谢需求，需要消耗能量。压力越高，你消耗的能量就越多。这就是为什么在经历市场上高强度和精神高度紧张的日子后，会感到身体疲惫。

下面是一个交易员在经历了三天漫长而紧张的交易日后，测量的晨间心率变异性（HRV）读数（见表23-1）。第一天的读数接近他的正常基准水平，到了第三天，就只剩基准读数的一半了。HRV的降低，表明神经系统紧张，压力增加或疲劳。更长时间和更高强度的交易，提升了心理上的需求，进而显著地影响了他的生理机能。

表 23-1　三个交易日后交易员的 HRV 读数

第一天	14 小时交易日	HRV 53
第二天	14 小时交易日	HRV 45
第三天	14 小时交易日	HRV 26

平衡你身体系统消耗的能量，并补充能量是很重要的。能量补充中最重要的因素是恢复、关闭和再充电。

为了在你最好的状态下交易，避免长期压力的陷阱，必须重点关注压力 – 恢复平衡。

维持压力与恢复的平衡

如果你锻炼太多、太频繁或强度太大，没有得到足够的恢复来平衡肌肉所承受的压力，你就进入了过度训练的阶段。结果就是损伤肌肉，受伤的风险加大。

但是如果你从来不锻炼，把所有的时间都花在"恢复"上，你的肌肉就不会变得更强壮，也不会适应锻炼的压力。

因此，维持压力和恢复的平衡，对运动员的训练最优化至关重要。恢复是一门科学。对交易员来说也是如此。

压力 + 足够的恢复 = 成长

压力 + 恢复不足 = 崩溃

没有压力 + 恢复 = 没有成长

以下是两个交易员在三天内的两种生理状况（见图 23-1）。图中的趋势线就是资源线，显示流入、流出系统的能量，随着压力的耗尽，资源渐渐得到恢复。

交易员 A 有一个正向的压力 – 恢复平衡。图中可见，在三天的时间里，他的资源不仅恢复了，实际上还增加了。

相比之下，交易员 B 处于负向的压力 – 恢复平衡状态，他的资源在这三天里减少了。

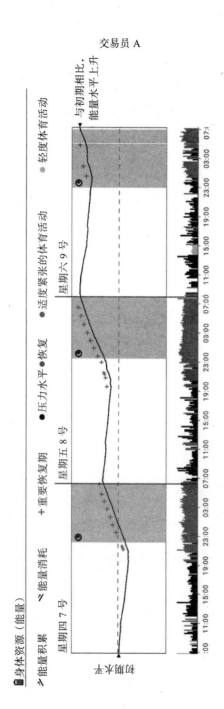

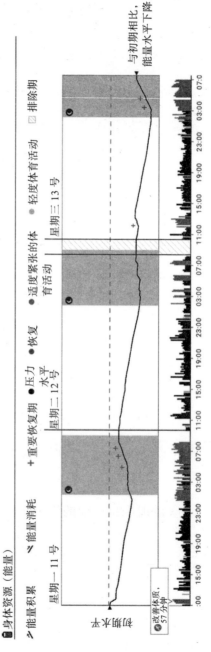

图 23-1 交易员 A 和 B 的生理状况记录

交易员找到压力 – 恢复平衡，就能够优化他们的生理状态，增加他们的决策潜力。他们也能从对压力的适应性反应中获益，避免长期压力，并保持长期的绩效表现。

芬兰的 Firstbeat 公司，由芬兰奥林匹克研究所（Finnish Olympic Institute）创办，为顶尖运动员和团队、医疗保健提供商、企业和可穿戴技术设备制造商提供生理数据和分析，其研究表明，对"正常人"来说，每天"合适"的恢复量是 30%。

如果你每天有 7 ～ 8 个小时的高质量睡眠，那么你离这个恢复量就不远了。然而，我的许多交易客户睡眠时间不够长，睡得不够好，无法实现 30% 左右的恢复水平。他们中的许多人一直处于恢复不足的状态。

什么是恢复

在一段时间的紧张的交易活动之后，我指导的一位交易员决定休息一下，等恢复体力后再回到市场中去。在此期间，我在他所在的交易的公司做了一些调查。公司中的许多交易员，包括这一位，每天都会收集生理数据，这样我们就可以评估在市场上交易对他们生理机能的影响，以及反过来，他们的生理机能对市场交易的影响。

在经历了一段高压力和非常令人疲劳的紧张交易后，我们可以看到该交易员的每日 HRV 读数下降了，这一点符合预期（见图 23-2）。在恢复期间，交易员和他的一些朋友去滑雪休息了一会儿。当我收到他的数据时，很有趣的是在他四天的斜坡之旅中（也包括滑雪后的娱乐活动）他的 HRV 数据继续下降。

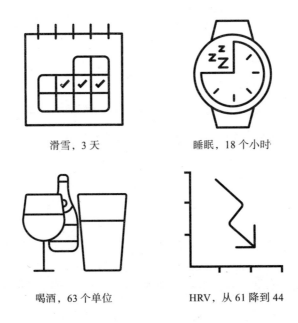

滑雪，3 天　　　　　　　　睡眠，18 个小时

喝酒，63 个单位　　　　　　HRV，从 61 降到 44

图 23-2　进行中的耗竭

他没有恢复过来。事实上，他的生理机能每况愈下。

考虑到每天几个小时的滑雪，酒精摄入量增加和熬夜，这并不意外。虽然这种"休息"很令人愉快，感觉就像休息，但它不是恢复。虽然它在精神上令人为之一爽，极具趣味性，是一次令人愉快而又急需的场景转换。

恢复，只有当你身体的神经系统切换到副交感神经模式时才会发生。副交感神经系统通常主导"休息和消化"。它给身体系统赋予刹车和减速的功能。

生理上：

▶ 你的心率变慢；

▶ 呼吸变得越来越慢、越来越深；

▶ 肌肉放松；

▶ 血液返回消化道。

它与压力反应完全相反，是对抗或逃跑的解药。它是能量动员和战斗开启的逆过程。

测量压力和恢复

在过去，我们一直以非常主观的方式衡量恢复：

▶ 你感觉恢复得怎么样了？

▶ 你睡了多久？

▶ 你的睡眠质量怎么样？

▶ 你在一天中是如何放松或减压的？

现在，得益于技术的进步、心率监测器和特定应用程序的使用，我们能够捕捉反映一个人的压力和疲劳水平的生理数据，其中主要是 HRV。

我为一众交易客户实施了许多生理评估和项目。进行这些评估可以让交易员获得客观数据，反映他们所受压力的大小和水平、睡眠的时长和质量、恢复的质量和多少以及体育活动的质量和多少。

通过分析这些数据，我们能够了解压力 – 恢复平衡，以及如何更好地优化压力管理、睡眠、恢复和体育活动，从而达到高绩效的生理状态。

下面让我们深入地分析一个交易员的经验（见图 23-3）。

唤起能量的恢复策略

在绩效领域，用简单的术语说，你需要能够关闭（释然），以便后续的开启。这是确保你有生理资源进行状态最佳的交易的唯一方法。

▸ 你现在是如何做到释然的？你的恢复策略是什么？

▸ 你的睡眠怎么样？

▸ 你会在交易日中进行休整吗？

▸ 除了睡觉之外，你会用什么具体的策略来刹车、放慢节奏和恢复？

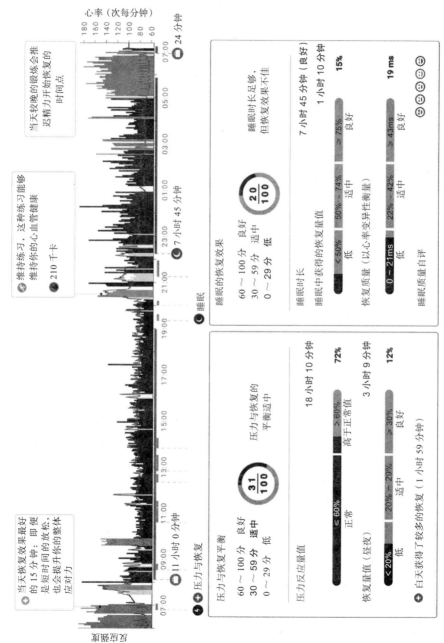

图 23-3 对一位对冲基金交易员生理机能的洞察

养成良好的恢复习惯，对于优化你的生理机能、恢复力和交易表现是至关重要的。

睡眠

睡眠是我们恢复的主要来源。这也是我们基本的生命过程之一。我们需要睡眠的核心原因是它让我们得到休息、复原和恢复精力。和我一起工作的许多交易员睡眠时间不够长或睡得不够好，他们很清楚地感觉到睡眠的重要性。

图 23-4 显示了两个不同交易员的睡眠数据。注意这两者在睡眠时长和睡眠质量上的区别。

睡眠不仅对恢复很重要。它对做决策、风险承受力和交易的业绩也很重要。在北卡罗来纳州的杜克大学（Duke University）开展的研究中，29 名年轻健康的志愿者在充分休息的情况下进行各种与赌博有关的任务，然后在一夜没睡之后重复任务。[57] 当志愿者得到休息后，他们表现出谨慎的行为模式，而当他们睡眠不足时，风险感知就发生了变化——他们对负面的结果（损失）变得不那么敏感，而更加聚焦于正面的结果（盈利）。

你的睡眠好吗（见表 23-2）？

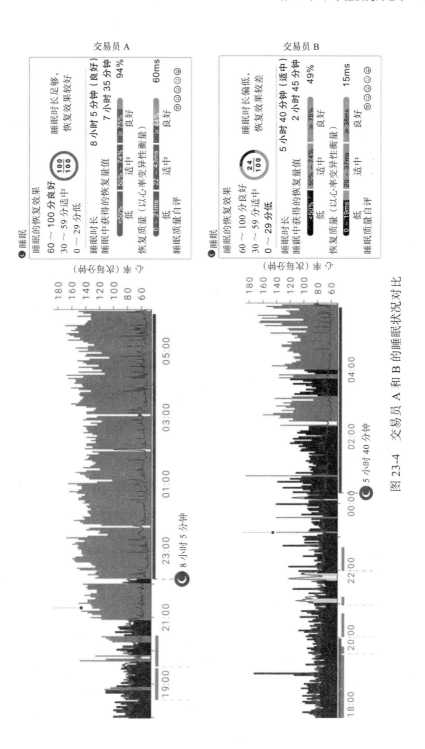

图 23-4 交易员 A 和 B 的睡眠状况对比

表 23-2 SATED 睡眠调查量表

		几乎没有 / 从不（0）	偶尔（1）	经常 / 总是 （2）
满意度	你是否对睡眠感到满意？			
清醒度	你是否能一整天保持清醒不打瞌睡？			
时间	你是否在 02∶00 ～ 04∶00 才入睡？			
效率	在夜里你清醒的时间是否没有超过 30 分钟？（这包括入睡和醒来所花的时间）			
时长	你是否每日睡足 6 ～ 8 小时？			

来源：国家卫生研究所

要想获得高质量的睡眠，有一些基本的睡眠卫生因素值得考虑。

卧室环境

目标：创造出有利于良好睡眠的卧室环境。

让它：

▶ 黑暗；

▶ 凉爽；

▶ 安静；

▶ 没有科技讯息的打扰。

放松

目标：让身体和大脑放松下来；放慢节奏，准备睡眠。

为了实现这一目标，你应该：

▶ 睡前不要做高强度运动；

▶ 在放松阶段要小心不要摄入太多食物；

▶ 避免饮酒，这会降低睡眠质量；

▶ 注意咖啡因的摄入——这是一种功效时长为 6 小时的兴奋剂，要喝就在中午之前喝最后一杯；

▶ 谨慎使用电子设备——深夜使用平板电脑和手机会导致睡眠质量下降；睡前 30 ～ 60 分钟不使用任何科技产品；

▶ 冥想、呼吸练习、沐浴、淋浴——都能帮助你放松并为入睡做准备。

生活习惯

目标：建立能保证良好睡眠的生活习惯。

目标实现途径：

▶ 恒定的入睡和起床时间——这是保证睡眠质量的关键因素；

▶ 体育活动——体育活动可以提高睡眠质量。

入睡困难

目标：解决入睡困难的问题。

解决途径：

▶ 记录一本床前日记，记下任何让你无法入睡的想法或担忧；

▶ 练习冥想正念或呼吸技巧；

▶ 如果你在床上并且醒着超过 20 分钟，那就起床，阅读，或做点其他放松的活动，直到你累了；当你困的时候再回到床上。

战术复苏

"大脑必须得到放松，好好休息一下之后，它会变得更好、更敏捷。就像肥沃的土地不能连续耕种一样——如果它得不到休息，它就会失去土壤的肥力，因此连续不断的劳作会破坏心灵的力量。但如果让它自由放松一段时间，它就会重新获得力量。不断的工作会使理性的灵魂产生某种迟钝和软弱。"

——塞内加

睡眠是你恢复所依靠的主要来源。想要优化自己决策能

力和业绩的交易员，应该尽可能睡个好觉。刀枪不入的交易员
总是把睡眠作为关键恢复策略，将它视作提升表现的关键。

但是除了睡眠，还有其他的恢复方法。这就是所谓的战
术恢复，在这个领域我已经和客户做了大量的研究和实践。

许多交易员长时间坐在办公桌前。这可能是必要的，特
别是在交易繁忙的时期。但是必须要认识到，大脑和身体很难
在长时间内保持高水平的注意力和认知能力。

为了优化交易表现，交易员应该考虑在对交易的关注与
恢复之间进行交替，这也被称为基本休息活动周期（BRAC）。

在休息的时候，你可以考虑离开屏幕，站起来，伸展，
运动，补水，如果饿的话就吃点东西，如果有帮助，你也可以
花时间通过放松或基于呼吸的活动来放慢自己的节奏。

> "我们应该去户外散步，新鲜的空气和深呼吸，
> 可以滋养并洗涤我们的思维。"
>
> ——塞内加

有效的战术恢复策略包括：

▸ 主动恢复——步行，瑜伽，伸展；
▸ 被动恢复——呼吸策略，放松技巧，冥想，按摩，
小睡。

第 24 章

增 强 体 魄

身体健壮程度与抗压能力的关系

想象一下你第一次跳伞，会是怎样的体验？

第一次跳伞对大多数人来说都是有压力的，哪怕是那些受过军队训练的人。从飞机上跳下来，等待降落伞打开，然后滑回地面，这个过程会引发强烈的生理反应。

这，就是压力。对许多人来说，它会引起深深的焦虑和恐惧。

然而，事情不止于此。2008 年的一项研究测量了初次跳伞者的荷尔蒙和认知反应。[58] 研究发现了一个可以明显减轻压力和恐惧的东西：身体健康。

研究发现，通过皮质醇（压力荷尔蒙）水平测量压力大小，体脂率最低的跳伞者感受到的压力最小，他们在跳跃前的认知测试中也表现得更好。在生理上和认知上的适应力最强的是那些最健康的跳伞者。

因此，当涉及抗压反应时，运动和身体健康就起到了关键作用。

定期做体育活动，进行压力管理

"对我来说，锻炼是最重要的管理交易压力的方法。过去，我让交易占据了我的生活，一天到晚盯着屏幕，但结果总是不好。我需要把锻炼融入我的日常生活中，虽然我很难打破已有的生活惯性，回到运动的轨道上来，但它确实能帮助我厘清思绪，而且一次良好锻炼后的感觉，也能帮助我在经历了最糟糕的日子后改善情绪。"

——一位投行交易员

我的许多交易客户都使用锻炼身体的方式，来控制他们的压力水平。

激活体内的压力反应，会使身体精力充沛，释放肾上腺素和皮质醇等激素到系统中。这些都是有益的，在短期内会发挥关键作用。在身体面临威胁或挑战的情况下，如果你必须战斗或逃逸，这种能量会被利用耗尽。一旦威胁或挑战结束，会发生恢复过程让能量得到补充。体内平衡，也就是身体默认的生理设置，就得以恢复了。

但交易员实际上并没有面临身体上的战斗或逃逸。他们没有利用应激反应的能量来移动身体。他们只是经常长时间坐在屏幕前。

当你参加体育活动时，即使是散步，你的身体也有机会利用你系统中的能量。你让它清除掉了压力荷尔蒙，令身体得以复原。

最重要的是，当运动强度加大时，体内会释放内啡肽，促使产生积极健康的感觉，这会改变你的情绪。

"锻炼是我管理压力的最佳方式，无论是举重还是骑马。没有什么比在谷仓里铲一堆马粪或者掸掉动物身上的泥土，更能把我带离抽象的世界了。清理衣柜或车库，对我来说也很有治疗作用，园艺也是如此。挖土和种花让我很开心。"

——一位对冲基金交易员

你需要做多少体育活动？国家健康协会的普遍共识是每周至少进行 150 分钟的中等强度运动，或 75 分钟的剧烈运动。

也就是每天 30 分钟、一周五天中等强度的运动。

我的交易员客户的生理检测数据显示（见表 24-1）：

▸ 65% 的交易员认为，他们进行了足够多的体育活动，以收获健康益处；

▸ 但客观的生理监测显示，只有 24% 的人确实如此。

也就是说，76% 的交易员没有进行足够的体育活动，来获得基本的提升健康的好处，或运动和锻炼带来的提高表现的好处。

表 24-1　报告的活动与测量的活动

自我报告的体育活动	测量的体育活动
65% 的人认为他们有足够的体育活动来获得健康益处	24% 的人进行了足够多的运动，并获得健康益处
	45% 的人进行了适度的体育活动
	31% 的人缺乏足够的锻炼

训练生理弹性

锻炼和提升身体健康，不是建立生理弹性的唯一方法。

2007 年 6 月至 7 月，我对 19 名驻伦敦的自营交易员进行了一项研究，以评估一种被称为和谐（coherence）的特定生理状态对其交易表现的有效性。

和谐状态，是一种可以通过心率变异性（HRV）数据来跟踪的心理生理状态（见图 24-1）。当我们感到紧张、焦虑、沮丧或愤怒时，心脏会从神经系统接收到相互矛盾的信号。HRV 呈参差不齐、没有节律的特征，心脏产生的电信号是混乱的。

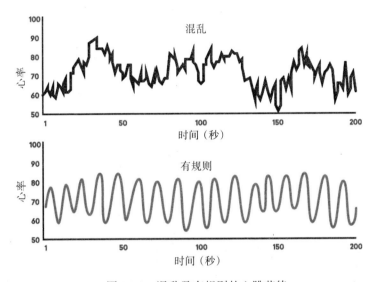

图 24-1　混乱及有规则的心跳节律

资料来源：www.heartmath.org。

心脏产生的另一种电信号是一种规则信号。当心血管系统有效运行并与神经系统平衡时就会发生这种情况。当达到有规则状态时，HRV 呈现顺滑、有规律的特点。

有证据表明，处于一种有规则的状态可以改善认知功能，增强记忆力、决策能力、创造力、知觉清晰度、行为和表现，同时减少过度焦虑和压力的影响，提高幸福感。

我给客户做了一些基本的心理测量和自我评估报告，并让他们接受了半天的行为训练。在训练中，他们了解了自己的生理机能，以及它是如何影响他们的交易决策和表现的，并学习了达到和谐状态的技巧。

在为期 6 周的研究期间，交易员被要求练习这些技巧，每天进行 10 分钟的战略性练习，然后根据需要使用更短的战术技巧。研究结束后，他们再次进行基准测试，并对训练前后的数据进行对比分析（见图 24-2）。

经过生理训练后，结果显示交易员的压力、疲劳、焦虑、愤怒和沮丧程度降低，出现了更高程度的放松、主动性和专注。他们感觉自己更能掌控局面，也更果断。

训练还对交易员的睡眠产生了有趣的影响。训练前，有 47% 的人认为睡眠不足，训练后，只有 14% 的人认为睡眠不足。

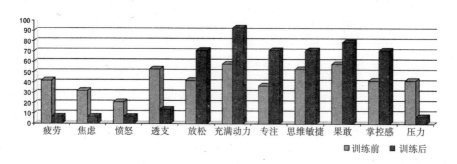

图 24-2 交易员生理训练（训练前和训练后）

训练你的生理状态有双重好处，一方面是抵消短期的压力或负面情绪的影响，另一方面是通过重建身体的自然能量储备，提供长期的好处。其结果是极大地提升了幸福感、精力和信心，同时也提升了个人健康水平和适应力。所有这些都有助于提升你的表现。

这里有一个专注于心脏的呼吸技巧。

效果：

▶ 创造和谐性，平衡你的神经系统，激活你的前额皮质（该部位属于大脑的执行功能部分，用于决策、计划、策略、长期思考、自我调节和任务专注）。

▶ 减少压力反应，改变荷尔蒙平衡，包括肾上腺素和皮质醇。

▶ 将消极情绪状态变为一种更中性的体验。

▶ 促进身体平衡，达到身体的生物平衡点。

练习办法：

▶ 将你的注意力集中在你的心脏附近，从你的头脑中转移出来，集中在你的身体上。

▶ 呼吸比平时稍慢、稍深，保持平稳、持续的节奏；试着吸气 5 秒钟，呼气 5 秒钟。

▸ 通过鼻子吸气和呼气，这样放松效果更好，呼吸效率更高，同时放松横膈膜、腹部。

什么时候做：

▸ 当你感到有压力的时候，做几次 5-5 式的呼吸。

▸ 全天内多次短时间采用，作为"充电"的手段；可以尝试每次 60 秒，或者连续六次进行 5-5 式的呼吸。

▸ 在关键决策时刻或市场事件之前，先进入和谐的高水平状态——可能需要 2 ～ 5 分钟。

▸ 作为恢复，如果你在经历亏损、犯错或任何其他不良事件后，感到有压力，甚至有极端的情绪，在尝试思考或采取行动走出困境之前，重新平衡你的生理机能是很有用的。你应该实践呼吸技巧达到和谐状态，直到你感觉自己的生理状态确实被改变了。

▸ 每天都要开展常规训练，培养你的身体进入和谐状态的能力，提升你的生理健壮性。一开始可以设置每天 5 分钟的练习目标，然后慢慢增加到每天 10 分钟。

良好的交易

所有高绩效表现的核心都是幸福感。如果你的精神、情感和身体都不健康，任何事都很难做好。老话说"有好的身体，才有好的精神"，是很有道理的。自 20 世纪 70 年代的慢跑革命以来，人们对身体健康和幸福的兴趣和关注越来越多。最近，重点已扩展到人们的精神健康领域。

当然，如我们所知，心灵和身体并不是两个独立的实体。它们深深交织在一起，在任何技能的表现中，精神和身体都扮演着关键的角色，这些表现包括你的交易水平、决策水平，以及你如何有效地处理决策产生的后果。

"刀枪不入的交易员"是那些把自己的幸福感置于首位的交易员。

> "我觉得管理压力的关键，是精力管理。这对我来说是件大事。我现在非常注意我的精力管理，我尽可能做到最好。我一直注意着精力状态，当我无法管理好它的时候，我的交易和行为就会产生相应的不良后果。"
>
> ——一位股票交易员

我总是鼓励我的客户考虑幸福感的重要性。良好的交易，意味着在良好的状态下进行交易，也意味着实现良好的交易表现。从长远来看，没有前者，后者是不可能实现的。好的状态可以被看作是你的交易行为的基础（见图 24-3）。

图 24-3 良好的生理及心理状态——交易表现的基石

身心俱泰

我曾与一位成功的基金经理交流过，他列举了多种不同的方法来帮助自己应对市场交易的压力和挑战：

▶ 体育锻炼；

▶ 睡眠；

▶ 呼吸练习；

▶ 精神练习和视觉呈现；

▶ 冥想。

冥想、正念和瑜伽，已经成为帮助交易员管理交易压力

和紧张，并实现交易水平最优化的日益流行的思路。在许多以
绩效为导向的领域，包括体育、军事、执法、创伤医学和企业
领导力项目，这类方法的应用正在增多。

每天花 8 ～ 12 分钟进行冥想正念练习，可以帮助你减少
压力反应，改善你的情绪调节，更有效地管理你困难的想法，
减少冲动，从而整体提升你的身体健康和精神状态。

> "冥想已经成为我一天中很重要的一部分，每天
> 早上 9 点左右冥想，如果可能的话，下午 3 点 45 分
> 再来一次冥想。当我感到压力和失去平衡时，我经常
> 使用从冥想中学到的方法。"
>
> ——一位自营交易员

对此类获得良好状态的练习及其对交易表现的影响的认
识并不新鲜。我曾经收到过一位基金经理给的杰西·利弗莫尔
的《股票大作手操盘术》，我给他进行过一系列的生理状态评
估。他在书中留了一张便利贴，标记了其中一页的其中一段：

"下面这条规则是我从一位伟大的交易员那里学到的：远离
压力，用各种方式保持头脑清晰、判断正确。我尽我所能，在
我的生活中实现这一点，早睡早起，少吃少喝，锻炼身体，笔
直地站立在股票行情前，站着打电话，要求办公室保持安静。"[59]

这本书出版于 1940 年。

我认为这类的行为和习惯，应该是高绩效的交易员应有的生活方式。这些因素通常是交易时间之外的因素，然而对他们的良好状态和表现有贡献。斯多葛派的门徒，很清楚地意识到照顾身体对于提升思维能力的重要性，以及良好的状态对于美好生活的重要性。

> "良好的状态，是靠点点滴滴的细节实现的，但它本身绝对不是一件小事。"
>
> ——芝诺

交易员，尤其是在高频交易方面的交易员，面临的风险之一就是疲劳，甚至精力透支。认识到倦怠是一种潜在的职业风险，我们可采取下列措施进行预防，包括：

- ▶ 保持符合实际的期望；
- ▶ 远离屏幕；
- ▶ 把恢复置于首要位置；
- ▶ 参与令人愉悦的活动。

总　　结

第 25 章

是结束，也是开始

我希望读这本书能给你一些知识、启发和可以借鉴的行为，你可以将这些整合进你自己的交易中。我希望这能帮助你管理来自交易的压力、应对挑战，更有效地满足交易市场所面临的需求。

以下是一些关键原则和实践的备忘摘要：

▶ **善于应对交易的低谷期**：交易需要在不确定、新奇和不可控的条件下承担风险，其中也会有压力、挑战和困难，这些都是正常交易经历的一部分。身为交易员，我们不应该回避，而是要学会应对。

▶ **刀枪不入的思维方式**：你的思维方式，你看待交易、市场、风险和不确定性的方式，影响着你的感知和表现。你要留心你的信念和感知，分辨其中哪些对你交易有用？哪些没用？

▸ **对压力的思维模式**：把压力视作有益的事物，这对你们的短期表现和长期健康都有积极的影响。

▸ **黑箱思维**：把错误、损失和挫折看成机会，看作一个获得反馈、学习、发展和变得更有韧性的机会，这样对你有益。

▸ **践行**：你需要采取哪些具体行动，才能将你交易成功的可能性最大化？你希望在你的交易中，展现出什么样的优势和品质（价值观）？什么对你来说是重要的？

▸ **控制风险**：控制风险，目标是在机会最大化与保持决策质量之间实现平衡，在头寸大小和能力、市场背景和风险承受力之间取得平衡。

▸ **接纳不确定性**：不确定性是交易中的固有成分，所以接纳它吧。建立一种世事无常的心态，尽可能地使用计划中的不确定性策略。

▸ **做最坏的打算**：使用前瞻性回顾视角，来帮助你做最坏的打算，并决定如果最坏的情况真的发生了，你将采取什么行动。

▸ **关注当下**：培养关注当下的技能，这样你就能始终专注于任务和操作过程、专注于市场，并时刻觉察到自己的内在体验。

▶ **过程**：专注于做出高质量的交易决策，在做出高质量的交易决策并构建出实力强大的交易操作过程方面做得更好。

▶ **控制**：控制可控因素。识别在交易中什么是你能控制的，什么是你不能控制的。专注于可以控制的事情，为你自己的反应负责。

▶ **主动性**：主动习惯不适感。接受不适感作为交易体验的一部分，并在实现交易目标的过程中，培养自己体验不适感的意愿。

▶ **脱钩**：培养出对你的想法的觉察，以及你对交易过程的叙述方式的觉察。学会与无用的想法脱钩，专注在行动上。

▶ **情绪**：学会与情绪共处，而不是回避或控制情绪。觉察到你的感受，注意识别它的存在。把情绪看作信息，想象你如何利用它们。

▶ **信心**：在处理困难的交易情况时，不断建立信心。思考你的优势、要克服的挑战、支持力量在哪里？积累你的"筹码"。

▶ **冷静**：培养自己在艰难和充满压力的交易时刻保持冷静的能力。你的能力、做的准备工作和状态管理都是沉着冷静的基础。呼吸技巧是很有效的调整当下状态的策略。

▶ **自我同情**：苛求自己会侵蚀你的自信。与富有同情心的教练一起，培养平衡内在批评声音的能力。注意使用描述而非评判的措辞。

▶ **精神的灵活性**：练习从不同角度看待同一事物的能力，在困难中找机会，采用自上而下的视角，想想你的榜样会怎么做？

▶ **行为的灵活性**：培养出既能在短期内灵活应变，又能在长期内调整适应的能力，使你能根据市场环境的变化，不断调整自己的操作过程和应对策略。

▶ **状态监控**：制定监测你的生理状态，即压力和疲劳水平的过程。它可以是主观的，也可以是收集和分析HRV 数据这样客观的方法。

▶ **恢复**：在压力和恢复之间，找到合适的平衡，是增强压力复原力和保持高绩效交易状态的关键。你要专注于获得高质量的睡眠，发展出适合自己的放松方法，学会休养生息，这样你才能再一次动力全开。

▶ **身体健康**：有很多方法可以训练你的生理机能，使其更能适应市场交易中的压力、挑战和需求。围绕身体健康、活动和健康三个方面，思考和梳理你的习惯。使用基于正念的心智健康训练，达到思维的和谐。

在此，我将为你呈现上述所有方法的三个关键要素：

（1）想象力

（2）行动

（3）支持力量

1. 想象你的未来

在你的脑海中建立并保持一个清晰的愿景，来不断提醒你经历的这一切是为了什么。

想象一下未来的你：一个更有韧性的交易员，能够处理你在市场交易中面临的需求，沉着冷静地应对交易中的挑战。

▶ 会有什么不同？

▶ 你会注意到什么？

▶ 你会采取什么行动？

▶ 你会有什么感受？

▶ 你会有什么想法？

▶ 哪些领域有机会，让你发展成为一个比现在更强大、更稳健、更冷静、更有韧性的交易员？

2. 采取行动

复原力、韧性、毅力都是后天培养锻造的。你的内在堡垒，不是通过阅读和学习建立的，而是通过应用、实践和经历来建立的。

所以必须采取行动。

"这就是为什么哲学家告诫我们，不要满足于单纯的学习，而应该加以实践，然后再训练。因为随着时间的推移，我们会忘记自己所学到的内容，甚至最终做了相反的事情，持有完全相反的观点。"

——爱比克泰德

市场提供给你的每一个充满挑战、困难和压力的时刻，都是你立刻能锻炼刀枪不入的交易技能的机会（见表 25-1）。

▸ 你会采取什么行动？

▸ 何时采取行动？

▸ 这个行动有什么好处？

表 25-1　当前交易挑战，现有应对方法以及可应用的刀枪不入的交易技能

交易的挑战	现有的办法、技能	可应用的刀枪不入的交易知识和技能

3. 支持

我希望你能从对本书的阅读中受益，我也希望它能让你在实现最佳交易水平、充分发挥交易潜力方面发挥一点作用。

如果你有任何问题或反馈，请随时通过我的网站联系我或发邮件给我。

祝你一切顺利，

史蒂夫

steve@performanceedgeconsulting.co.uk

www.performanceedgeconsulting.co.uk

致　谢

　　本书是我在交易、投资、风险心理学和绩效表现领域的第四本书。每一本书都以不同的方式给我提出了挑战，在写作过程中总是有高潮和低谷，就像生活一样。如果没有许多人的支持和投入，这些书就不可能写成。在此，我谨以几页篇幅对他们表示感谢。

　　人们说，善行要从家里开始，我想感谢也是如此。写书是一个费时耗力的过程，有时候会牺牲掉本应留给家庭的时间和精力。我妻子萨宾，还有两个儿子奥利弗和卡斯珀一直以来都非常支持和理解我的写作。从某种程度上说，我要感谢奈飞（Netflix）、Xbox 和 YouTube 在我忙于写作时，给了他们其他享受时光的方式，这在某种程度上减轻了我不能和他们共度美好时光的负罪感。

为了创作本书，我联系了许多交易员，他们来自银行、对冲基金、资产管理公司、大宗商品交易公司、自营交易集团和公用事业公司。他们中的许多人在市场和生活之外，花费了宝贵的时间来与我交流。他们的付出，你可以在我所使用的言论摘抄中清楚地看到，以及在书的措辞和主题选择中更微妙地看到。我同意也尊重他们选择匿名的做法，但我要让他们知道我非常感激他们做出的贡献，这一点对我来说很重要。你们知道我说的是谁，谢谢你们。

本书反映了我 15 年来与世界各地数千名不同的交易员合作的经历。我所举办的每一次研讨会，与客户进行的每一次指导课程，以及我所进行的每一项评估工作或咨询工作，都在某种程度上增进了我自己的思考和行动，也对本书所载的内容有所贡献。所以，非常感谢所有与我合作过的客户，给予我和你们合作的机会，并给了我如此多的启发。

本书主要建立在三个核心支柱之上：接受与实现辅导（疗法）、人类生理学和斯多葛哲学。三个激动人心的领域，每个领域都有自己的理论、模型和框架。这本书中的知识、洞见、技术和策略，吸收了如此多成就非凡和享誉业界的人物和机构的工作成果。对于那些主导了研究、发展了理论框架，从而令我能够利用他们的发现来造福我的客户和本书读者的人，我要向你们的工作致以最崇高的敬意和最诚挚的谢意。

最后，我不确定出版商是如何看待作者的，以及我是否是那种典型的作者，但我可以想象，作者这份工作一定是一个非常令人沮丧的工作，困难重重。我确信要当好一个作者，也需要自己培养出刀枪不入的能力。我很荣幸和 Harriman House 出版社的团队一起撰写了三本书，我想再次感谢你们给我写这本书的机会，并特别感谢编辑克里斯托弗·帕克，感谢他对本书内容的支持，他在我写作过程中的耐心守候，编辑时的呕心沥血，共同创造出目前读者手上的这个版本，我们都希望它是最好的版本。

参考文献⊖

1 *The Mindful and Effective Employee: An Acceptance and Commitment Therapy Training Manual For Improving Well-Being and Performance;* Frank Bond, Paul Flaxman, Fredrik Livheim, New Harbinger, 2013.

2 *The Hardy Executive: Health Under Stress;* Burr Ridge, IL. Maddi, S. and Kobasa, S, Irwin Publishing, 1984.

3 *Developing Mental Toughness: Coaching Strategies To Improve Performance, Resilience and Wellbeing;* Doug Strycharczyk, Peter Clough, Kogan Page, 2015.

4 *The Obstacle is the Way*, Ryan Holiday, Profile Books, 2014.

5 www.si.com/nfl/2015/12/08/ryan-holiday-nfl-stoicism-book-pete-carroll-bill-belichick.

6 *Behavioural Investing: A Practitioner's Guide to Applying Behavioural Finance;* James Montier, John Wiley and Sons, 2007.

7 www.dragondoor.com/build_your_inner_citadel.

8 *The Little Book of Stoicism: Timeless Wisdom to Gain Resilience, Confidence and Calmness;* Jonas Salzgeber, 2019 (www.njlifehacks.com).

9 *The Upside of Stress: Why Stress is Good for You (And How to Get Good at it)*; Kelly McGonigal, Penguin/Random House, 2015.

10 *Black Box Thinking: The Surprising Truth About Success;* Matthew Syed, John Murray, 2015.

11 *Principles: Life And Work*; Ray Dalio, Simon & Schuster, 2017.

⊖ 完整参考文献见华章网站 www.hzbook.com。